u books

［増補版］

執事とメイドの裏表

イギリス文化における使用人のイメージ

新井潤美

白水 u ブックス

目次

はじめに

「社交界」では使用人を悪くいうのが習慣になっています。これは社交辞令のようなもので、彼らのご主人様が天気の話、あるいは農業に携わる方々だったら収穫の話をするようなものです。同様に、一家の主婦、あるいはそのような輝かしく名誉ある地位に就いたばかりのご婦人方は使用人の話をします。静かにお茶を飲んでいるときにも、彼らの生活の「最大の苦痛」についての話題はつきないのです。

これはイギリスで一八六一年に出版された、『ビートン夫人の家政書』の「家庭の使用人」と題された章の冒頭部分である。家庭の主婦が集まるときまって、自分たちの家の使用人の悪口や愚痴の言い合いに夢中になる。夫の愚痴や子供の自慢よりも何よりも、彼女らの最大の関心事は使用人であり、しかもその使用人がいかに使いにくく、手に負えないかをうったえあうというのである。

『ビートン夫人の家政書』は、イギリスで出版されたもっとも有名な料理本であるかもしれない。正確な題名は『女主人、ハウスキーパー、料理人、台所つきメイド、執事、下男、御者、従者、アッパー〔上級〕・ハウス・メイドとアンダー〔下級〕・ハウス・メイド、レイディーズ・メイド、ひとりですべてをこなすメイド、洗濯係のメイド、乳母と乳母つきのメイド、母乳係、子供の病気を見る係、等々のための情報からなる、ビートン夫人の家政書――さらに、衛生学、医学と法律に関する知識を含み、家庭の生活を安楽にするためのすべてのものの由来、性質そして用法を含む』というものである。題名のとおり、それぞれの使用人の役割と仕事が細かく書かれており、子供の病気とその治療法、そして巻末には地主と借地人とのあいだの契約、出入りの商人への借金、遺言書の書き方といったことに関する法的な説明の箇所がある。しかし、この本の大部分を占めているのは、料理のレシピである。そして、その料理には、かなり豪勢なものが含まれている。たとえば「亀のスープ」の箇所では、材料の冒頭に「亀一匹」とあり、作り方のところでは「このスープをより簡単に作るためには、前の日に亀の頭を切り落としておくこと」と、指示がしてある。しかもこの亀とはアオウミガメのことで、「体長は一五〇センチ以上、体重は二五キロから、重いものは二五〇キロくらいある」と無造作に書かれているのだ。オックスフォード大学出版局から二〇〇〇年に出版されたペーパーバック版（短縮版）の編者ニコラ・ハンブルによると、亀のスープは当時でもたいへんなご馳走であり、ビートン夫人はおそらく亀のスープを作るのはおろか、自分で食べたこともないのではないかという。このようなレシピは、じっさいに作るためではなく読んで楽しむために、他の、より現実的で質素なレシピの中に混ぜられていたのである。戦時中には、この書物を戦場で読んでいたという兵士もいたし、イギリス本国でも食糧難と配給制度のもとにあえぐ国民は、「まず卵を二十個用意してください」といった文章で始まるレシピを、現実逃避の読み物として楽しんだのだった。

したがって現代では、『ビートン夫人の家政書』はこのような豪華なレシピが満載された、非現実的な料理本だという印象が一般的である。とはいえ今では、この本の題名を知ってはいても、読んだことのある人はそう多くはないだろう。また、著者のイザベラ・ビートン（一八三六〜六五）自身についても、主婦としての年季を積んだ、経験豊富な、恰幅のよい中年女性を思い浮かべる人が多いが、ビートン夫人がこの本を書いたのは二十五歳のときで、彼女はその四年後、四人目の子供を出産した一週間後に病死している。

しかしこの本は最初に出版されたときには六万部以上売れ、数年後にはミリオン・セラーになっていた。改編版や短縮版はビートン夫人の生前にも死後にも次々と出版され、二十世紀後半にはパロディ版も多く出されるようになった。この本がこれほどまでにも売れた理由のひとつは、それが、この時代に新たにミドル・クラスの一員となり、家事や使用人の管理に不慣れだった、いわゆるロウワー・ミドル・クラスの女性の読者をねらって書かれたことにある。夫人自身、ロウワー・ミドル・クラスの出身で、父親は織物商人、母親は下宿屋の娘だった。五歳のときに父親が病死し、二年後に母親は、印刷業者のヘンリー・ドーリングと再婚した。そのとき彼女には、長女のイザベラをはじめとする四人の子供がいたが、ドーリングのほうも妻を病気で失って、四人の子供をかかえていた。再婚後この夫婦は次々と子供をもうけ、最終的には、それぞれの連れ子を含め二十一人も子供がいた。これは、子だくさんで知られるヴィクトリア朝の家庭においても、さすがに驚くべき数だった。イザベラ・ビートン自身は結婚後、最初の子供二人を病気で失い、その後に生まれた息子二人を遺して病死したのだが、十代のころにはすでに、多くの弟や妹の面倒を見て母親の手助けをしていたのである。しかも、継父の仕事の関係で、ダービー競馬で有名なエプソム競馬場の観覧席のある建物に、弟妹と一緒に住んでいたこともあった。競馬が開催されるときには何千人もの見物客を収容することのできる大きな建物に、幼い子供たちと寝起きを共にしていたイザベラ・ビートンの生活は、典型的なロウワー・ミドル・クラスの家庭生活とはとても言えないようなものだったようだ。

イザベラは二十歳の時に出版者のサム・ビートンと結婚し、ロンドン郊外に居を構えた。この時にはサムは自分の出版社を立ち上げて独立しており、二人の生活はロウワー・ミドル・クラスとしては羽振りがよいほうで、新居には料理人、キッチン（台所つき）メイド、ハウス・メイド（部屋の掃除がおもな仕事）と庭師が雇われていた。ビートン夫人はこうして、初めて家庭らしい家庭に入ったわけだが、夫の出版業の手伝いもしていた夫人は、これらの使用人を監督して家事をこなすのにかなり苦労しており、使用人の仕事や家事について、わかりやすく説明してくれる本があればよいのにとつねにこぼしていたという（ニコラ・ハンブル編『ビートン夫人の家政書』序文）。夫のサムは一八五二年に、イギリスで初めてストウ夫人の『アンクル・トムの小屋』を出版して財をなし、その年に『イギリスの女性のための家庭雑誌』（*The Englishwoman's Domestic Magazine*）を創刊、さらに一八五五年には少年向けの『男の子のための雑誌』（*The Boy's Own Magazine*）を創刊して、成功を収めた。いずれの刊行物も、ロウワー・ミドル・クラスの読者に、さまざまな「ためになる知識」を提供することを目的にしており、読者をロウワー・ミドル・クラスのなかでも特に女性と子供にそれぞれ的を絞った点に、ビートンの時代を見る目がうかがわれる。

ビートン夫人の『家政書』もこのように、ロウワー・ミドル・クラスの主婦のための「役立つ知識」を集めたもので、使用人の仕事や料理のレシピだけでなく、植物や動物に関する解説、歴史的背景、そして医学や法律の豆知識までが書かれており、「読み物」として楽しむことができるものになっていた。しかも、当時のこのような「知識」を提供する刊行物の例にもれず、そこに書かれている大部分の情報は、著者自身の知識や経験をもとにしたものではなく、すでに刊行されている書物や雑誌から集めたものなのであった。ビートン夫人は特に料理が苦手で、『家政書』に収められているレシピの多くは、一般の読者から募集したものだった。良心的なビートン夫人は、それを本に写す前に必ず自分で作って試したということだが、けっして長年の経験に支えられたものではなかったのである。

したがって、『家政書』の使用人の箇所については、それまでに書かれていたいくつかの「使用人の手引書」が使われているわけだが、特に一八二五年に出版された『完璧な使用人』に頼るところが多かった。この本の著者はサミュエルとセーラ・アダムズ夫妻なる人物で、彼ら自身が使用人であったと本の冒頭に書かれている。彼らが本当に使用人であったのかどうかは実は明らかではないが、使用人についての書物が使用人の立場から書かれることはめずらしく、それがこの本のセールズポイントだったのである。

一方で、雇い主の立場にいる者が、使用人への指導や使用人に対する苦言を書いたものは、以前から出版されていた。なかでも有名なのは、『ロビンソン・クルーソー』の著者のダニエル・デフォーが一七二五年に偽名で書いたエッセー「誰かがやると思う仕事は誰もしない」、そして『ガリヴァー旅行記』で名高いジョナサン・スウィフトが一七三一年に出版した『奴婢訓』である。デフォーのエッセーのタイトルは、誰もが使用人への不満を抱いていながら、誰もそれを口にしないという、現状を示すものであった。

読者に対する愛情と思いやりを示す意味で、われわれが雇っている召使いの娘たちの横柄さと策略によって毎日生じる不都合を数え上げていきたい。こういった娘たちは結束することで力を得て、誰も彼らに文句を言うことができない状態になっている。しかも、「誰かがやると思う仕事は誰もしない」という諺を実証するかのように、誰もこの状態についてきちんと考えたり、解決法を考えようともしない。些細なことではあるが、これをなしとげれば、いつの日か、我が国の王、貴族、平民ともども恩恵を被ることだろう。

このように序文で述べてからデフォーは、女性の召使いの給料が、年に三〇か四〇シリングだったのが、人手不足で六、七、あるいは八ポンド（一ポンドは二〇シリング）にまで値上がりしたので、普通の商人は召使いをおくことができないし、召使いもすっかり分をわきまえなくなっている現状を嘆いている。デフォーがおもに女性の使用人について書いているのは、デフォー自身の階級、つまり職人あがりのいわゆるロウワー・ミドル・クラスの家では、男性よりも給料が安くて扱いやすい、女性の使用人を雇うのがやっとだったからである。それでも、使用人を雇う家が増えると、女性の使用人でさえ扱いにくくなっていったことを、デフォーは非難している。

一方、『奴婢訓』は「使用人の手引書」というかたちをとっているが、当時の悪い使用人の典型的な姿が、スウィフト特有の、皮肉たっぷりな調子で描かれている。

もしご主人様や奥様が使用人の名を呼んで、呼ばれた本人が近くにいなければ、他の者が代わりに返事をしてはならない。もし返事をしたりすれば、仕事をさせられて、きりがなくなるからだ。それにご主人様自身も、呼ばれた本人が答えれば充分と思っているからだ。
もし何か失敗をおかしたら、いつでも生意気で横柄な態度をとり、自分のほうが迷惑をこうむったというふうに振舞わなければいけない。そうするとたちまちご主人様や奥様は出鼻をくじかれるだろう。

（『奴婢訓』第一章）

さらに、本人が呼ばれた場合でも、すぐに返事をしてはいけないとスウィフトは書いている。

三回か四回呼ばれるまでは行ってはいけない。笛を吹いたとたんにとんで行くのは犬だけだ。さらに、ご主人様が「誰かいるか」と呼んだ場合は誰も答える必要はない。「誰かいるか」なんていう名前の人間はいないからだ。

（同前、第二章）

そして、呼ばれてどうしても行かなければならないときの対応はこうだ。

ご主人様に名前で呼ばれて、四回呼ばれた後も、急いで行く必要はない。そしてなかなか来なかったと怒られても、何の用だかわからなかったので、すぐに来なかったと、立派な理由を申し立てることができるのだ。

（同前、第三章）

使用人に対する苦情を書いたのはこの二人の作家だけではなかった。十八世紀に入ってイギリスでは、使用人全般に対する批判と罵倒がかなり多く聞かれるようになったのである。その原因のひとつはやはり、使用人を雇うことができる人々の数が急増したことだった。それまでのアッパー・クラスの地主だけでなく、商売で成功した人々、企業家、羽振りのよい小売店主などが、アッパー・クラスのライフスタイルのまねを始め、複数の使用人を雇い始めたのである。なかには、こうして新たに富を築き上げた雇い主が、見栄や虚飾のために、必要以上の数の使用人を雇っていたこともあった。特に男性の使用人は外見で選ばれ、他人に見せびらかすために、じっさいにはそれほど仕事がないのに雇われることが多かったのである。

こうして、ミドル・クラスの商人たちが使用人を雇い始めると、アッパー・クラスやアッパー・ミドル・クラスの紳士階級は、彼らと張り合うためにも、自分たちの抱える使用人の数を増やしたり、男性使用人のお仕着せに金をかけずにいられなかった。『十八世紀イギリスの使用人階級』(一九五六年)の著者J・ジャン・ヘクトによると、雇う使用人の数は主人の社会的地位に見合うべきであるという、中世から伝わる考え方が、この時代には、主人の経済力が許すだけの使用人を雇って、富を顕示するという風習にとって代わられていったのである。一方で、中世のイギリスにおいては、アッパー・クラスがその「地位に見合う」として抱えていた使用人の数は、十八世紀に比べると、かなり大きなものだった。大地主や裕福な貴族の家では、何百人もの使用人が雇われていることもあった。しかし十七世紀初頭にはすでにそれは過去のことになっており、十八世紀には、大きな家でも使用人は何十人という単位に減っていたのである。

見せびらかすものとしては、アフリカ人の使用人も人気があった。ピーター・フライヤーの『ステイイング・パワー——イギリスにおける黒人の歴史』(一九八四年)によると、十七世紀の前半はイギリスにはわずかな数の黒人しかいなかった。

しかし一六五〇年代にその数は着実に増えていった。財力がある家にとって、黒人奴隷を一人か二人使うことは流行となったのである。

(第二章)

奴隷貿易の発展とともに、イギリスに連れ込まれるアフリカ人奴隷の数は増えていったが、それと同時に、人間の売買に関する強い反発と反対運動も起こっていた。奴隷としてイギリスに連れて来られたが、奴隷制度反対者に保護されて、あるいは持ち主に解放されて、使用人として働く者もあった。正確な数は不明だが、十八世紀には一万人ほどの黒人がいたと考えられている。

ウィリアム・ホガースの有名な、一連の風刺画「当世風結婚」(一七四三~四五)の中の第四画、「伯爵夫人の身じまい」では、伯爵夫人が寝室で「接見」を行なっているが、ここには黒人の使用人が二人描かれており、そのうちの一人はまだ幼い少年である。この少年は絵の前面に座り込んで、鹿の角が生えたアクタイオーンの人形を手に持ち、角を指差しながらほくそ笑んでいる。角は寝取られ男の象徴とされているので、これは、この絵に描かれた伯爵夫人の不貞を現わしているが、伯爵夫人の寝室に座り込んで、このような生意気な行動をとっているこの少年は明らかに、伯爵夫人に可愛がられている小性であり、ペットのような存在である。もう一人の黒人使用人は伯爵夫人に飲み物を差し出しているが、この使用人も、こうして寝室に入ることを許され、自ら給仕をしている。寝室にいる客人たちに対して、見せびらかす存在なのである。

黒人の使用人を雇っているのは金持ちのアッパー・クラスだけではなかった。たとえば小説家ジェイン・オースティンの書簡集では、バース在住のおじとおばの家に遊びに行ったオースティンが「玄関の窓から黒い頭を覗かせていたフランクがとても丁寧に迎えてくれ」たと姉に書き送っており（キャサンドラ・オースティン宛書簡、一八〇一年五月五日）、このフランクとは、おそらくアフリカ人の使用人だと推測されている。また、サミュエル・ジョンソンにはフランシス・バーバーという名前の黒人の使用人がいて、ジョンソンにひじょうにかわいがられていることを、その伝記作家ボズウェルが書いている。バーバーはジャマイカの入植者リチャード・バサーストがイギリスに連れてきた奴隷だが、主人の死後にその遺言によって解放されてジョンソンに雇われたのだった。しかしこういったアフリカ人の使用人は、一八〇七年に奴隷貿易が違法になってからは、その数が減っていく。ただし、アフリカ人に限らず、インド人でも中国人でも、エキゾチックな外国人を使用人において客にみせびらかすということは、財力のある家では、その後も行なわれていた。

使用人のなかでも特に、主人とともに外出したり訪れる客と接したりする機会の多い男性の使用人の数は、雇い主の富を表わすものであった。そもそも、女性の使用人はそう多くはいなかった。中世のアッパー・クラスの家では、女性の使用人は、女主人に仕える女性（侍女のようなもので、階級は女主人と同等に近かった）、乳母、それに洗濯女くらいで、掃除や皿洗いなどの家事も男性の使用人が行なっていた。女性の使用人が増えるのは十七世紀になって、法律家、聖職者、役人といった階級の人びとや、裕福な商人が使用人を雇い始めてからだった。女性のほうが賃金が安く、扱いやすいというのが大きな理由であり、十八世紀においてはこれらの女性の使用人の数はさらに増えていった。特に小規模の家では、女性の使用人が多かった。したがって、男性の使用人を多く

ホガース「伯爵夫人の身じまい」右端手前に少年、中央奥にもうひとりの黒人男性の姿が見える。

抱えているのは、その家のステータス・シンボルだったのである。また、農家の妻などが、夫が少し羽振りが良くなったことをきっかけに町に居を構え、数人の使用人を雇って見栄を張っているさまが風刺の対象となっていく。ジョージ四世のカリカチュアをはじめとして、当時のイギリスの風俗や政治を鋭く、そして滑稽に描きあげたことで有名な、ジェイムズ・ギルレイ（一七五七?～一八一五）の一連の「農夫ジャイルズ」ものなどは、その一例であろう。「農夫ジャイルズとその妻が、寄宿学校から戻ってきた娘のベティを近所の人に見せびらかしている図」と題された、一八〇九年の風刺画では、うんざりしたようすの招待客の前で、ベティがピアノの腕前を披露しており、それをジャイルズ夫妻が大満足といった面持ちで眺めている。娘を寄宿学校にやり、自分たちもピアノを買って応接間に置き、壁には絵を飾り（と言っても、いわゆる「名画」ではなく自分たちの農場の絵なのだが）、そして部屋のすみには、貧弱な少年がグラスを乗せたお盆を持って立っている。成金のジャイルズ夫妻だが、立派な男性の使用人を雇うほどの財力はない。しかし、ステータス・シンボルとして、どうしても男性の使用人は置きたい。いかにも仕事に不慣れで、見栄えも悪く、半人前の少年でも、いないよりはましというわけである。

一方で、大きな家に雇われていた男性の使用人たちは、主人の富の顕示という、自分たちの役割を十分に承知していた。彼らは派手なお仕着せに身をつつみ、尊大な態度で歩き回り、主人の客に対して多大な「心づけ」を要求した。訪れた客が帰るときには、その家の使用人がずらっと並んで

ギルレイ「農夫ジャイルズとその妻が、寄宿学校から戻ってきた娘のベティを近所の人に見せびらかしている図」

見送るのだが、その際ひとりひとりに心づけを渡すことが要求されたのである。それほど裕福でない紳士たちは、友人の家に招待されても心づけを払えないと苦情を言い、結局はその家の主人たちが使用人への心づけのための金を客にそっと手渡す、ということまで行なわれた。複数の使用人をかかえる大きな家だけでなく、女性の召使いがひとりいるだけの小規模な家でも、心づけが必要だったのは、デフォーの記述を見てもわかる。

心づけをもらうのを使用人は収入としてあてにしており、彼らの給料の一部となっているので、主人が客を夕食に招いても、その家のメイドは、夕食の値段に見合う、あるいはそれ以上の法外な心づけを客が払うのを期待しているのである。

じっさい、イギリス人の使用人のこうした「心づけねだり」はヨーロッパでも悪名高かった。十八世紀の半ばには、使用人の基本給を上げることで、この悪しき習慣を廃止しようという動きが起こり、法外な心づけをやるという風習はなくなった。しかし、人の家に滞在した場合、その家で直接世話になった使用人に、いくらかのチップを渡すという習慣自体は、二十世紀になっても行なわれていた。

使用人にとって、主人の社会的地位と財力は、そのまま、自分たちの価値をも表わすものでもあった。アッパー・クラスの地主や貴族の家の使用人は当然のように、小規模のミドル・クラスの家の使用人を見下したが、アッパー・クラスの中でも、他の使用人の主人の称号や地位にこだわり、細かい差を意識していた。劇作家ジェイムズ・タウンリーが一七五九年に匿名で書いた喜劇『階下の贅沢な生活』にはそんな使用人の様子が滑稽に描かれている。

公爵の使用人　毎日同じことの繰り返しの、普通の使用人は哀れなものだ。食べて、仕事をして、寝る毎日。それに比べて、貴族に仕える名誉にあずかれる俺たちはまったく人種が違う。一般の奴らよりは上にあって、俺たちに仕える使用人もいて、ご主人様に負けないくらいの怠惰で贅沢な生活をしているのさ。よう、サー・ハリー！
（サー・ハリーの使用人登場）

（『階下の贅沢な生活』第一幕）

公爵の使用人のこの台詞の最後の部分からもわかるように、彼らは互いを主人の名前で呼び合っている。主人の留守に使用人が階下でパーティを開き、どんちゃん騒ぎをするのであるが、その際も使用人が互いを「公爵様」、「レイディ・シャーロット」、「サー・ハリー」などと呼び合い、平民の主人に仕える使用人を見下すのである。

この戯曲からはまた、主人の目を離れたところでいかに使用人が勝手にふるまっていたか、使用人の監督に関して、主人がいかに頭を悩ませていたかがうかがわれる。筋書きは、ロヴェルという西インド諸島の金持ちが、自分の留守中に使用人が何をしているのか知りたくなり、変装し使用人になりすまして、自分の家の使用人の仲間に入るのだが、ひとりの忠実な使用人を除いて全員が、不正をしたり手を抜いたりと、ひどい有様なので、激怒するといったものである。

ここで興味深いのは、登場人物一覧表で、ロヴェルが「金持ちの若い西インド諸島入植者（ウェスト・インディアン）」と記述されていて、ロヴェルの使用人のうち、キングストンとクロエという人物は「黒人」となっていることである。芝居の冒頭でロヴェルは友人のフリーマンに向かって、

「君が前から言っていたことにようやく確信が持てるようになった。うちの使用人のやつらがめちゃくちゃに好き勝手なことをしているようだ」と打ちあける。君の家の使用人はこのあたりでも最悪だというフリーマンに対してロヴェルは、「フィリップは絶対に信用できるし、黒人たちは正直だと断言する。悪い奴がいるとしたら、あのトムっていう奴だ」と、一部の使用人をかばう。それに対してフリーマンは、「君はまったく勘違いしている。フィリップは偽善的な悪党だが、トムは無愛想ではあるがかなりの正直者だ。そして君の黒人の使用人にいたっては、白人の使用人と似たり寄ったりだ」と反論する。フリーマンは「中年の紳士」ということで、若いロヴェルよりも人生経験があり、使用人の質を見抜くことができる。必要もないのに見栄で多くの使用人を雇おうとするロヴェルを諫(いさ)めるのだが、ロヴェルは「何を言っているんだ。ジャマイカでは僕が十歳にもならないときにすでに百人もの黒人が仕えていたんだから」と自慢する。ここでロヴェルが言う「黒人」が、アフリカ人奴隷であることは明らかである。

ロヴェルのように西インド諸島の農園から財を得て、自分はイギリスに戻って贅沢な暮らしを楽しむ農園主は少なくなかった。フライヤーは『ステイイング・パワー――イギリスにおける黒人の歴史』の中で、「『ウェスト・インディアンのように金持ちだ』が日常語になった」と書いている（第二章）。彼らは派手に金を使い、大がかりなパーティを開き、その富をあらゆるかたちで顕示した。ロヴェルはまさに典型的なウェスト・インディアンである。

フリーマン　君たち西インド諸島の紳士方は意気盛んな方々で、華やかなことと見栄を張ることが大好きだからな。通りを行く人が君の馬車とお付きの人たちに目を見張るのが嬉しくてたまらないだろう。特に君に聞こえるように「あれがロヴェルさん、あの偉大なウェスト・インディアンだ」と囁いたりすればなおさらだろう。

このような金持ちの西インド諸島入植者は「成り上がり」として、アッパー・クラスの人々の不興を買っていた。タウンリーがその戯曲で、悪い使用人に騙される金持ちの主人に、あえてウェスト・インディアンを選んだのも無理はない。しかしここではロヴェルは自分の富を純粋に喜んでいる、単純だが悪気のない若者として描かれているだけで、奴隷雇用者としてのロヴェルに対する社会的批判はこめられていない。彼の黒人の使用人も「黒人」と書かれているだけで、「奴隷」という言葉はいっさい使われていない。ロンドンでロヴェルが使っている黒人の使用人は男女ひとりずつである。彼らは、その少ない台詞から判断する限りでは、少なくともロンドンでは白人の使用人と変わらぬ扱いを受け、フリーマンが指摘するように、白人の使用人と変わらず、主人がいないところでは好き勝手に振舞っている。たとえばある場面では、ロヴェルの留守に黒人の男性使用人キングストンと御者が泥酔しているところに、玄関をノックする音が聞こえる。

キングストン　誰かがノックしてるぞ。御者くん、行けよ。ドアをあけろよ、御者くん。
御者　俺はいやだよ。お前がいけよ、黒ん坊。
キングストン　死んだっていかないぞ。
御者　じゃあ、待たせておこうよ。俺は行かないからな。

（第一幕）

二人ともスウィフトが嘆くような、とんでもない使用人である。御者はキングストンに対して「黒ん坊」と呼びかけているが、だからと言って、キングストンのほうが使用人として地位が低いとか、自分の命令を聞くべきだと言っているわけではない。キングストンは下男のようだが、同じ主人に仕える下男と御者ということで、立場は同等なのである。もうひとりの黒人の使用人クロエは女性で、料理人の下で働いている。彼女は新しくきた若い使用人（変装したロヴェル）を「可愛い子ね、ヒーヒーヒー」とちょっかいをだすくらいで、他にはほとんど台詞がない。使用人がこっそりと開くパーティのシーンで、キングストンがクロエにキスし、サー・ハリーの使用人が「悪魔がキスしてるぞ」と言う台詞で、彼らの肌の色への言及がなされているが、キス自体は酒に酔った他の使用人もしていることであり、特に黒人の使用人が性的にだらしないことを示唆しているわけでもない。また、奴隷制度擁護者が当時口にしていたような、「アフリカ人はその習性から、厳しく監督し、秩序を保たせないと堕落する」といったメッセージが発せられているわけでもないのは、他の、白人の使用人の堕落ぶりを見ても明らかである。つまりここでタウンリーは、多くの使用人を雇う富はありながら、彼らをきちんと管理できない、成金の格好な例として「西インド諸島入植者」を選んだのである。

主人が商人などのミドル・クラスの出身で、そもそも使用人の側からあまり尊敬されない存在である場合はなおさらだが、アッパー・クラスの家においてさえ、使用人は主人に対して封建的な従順さを示すことがあまりなく、気に入らないことがあると、反抗したり、さっさと辞表を出したりしていた。この時代の使用人の多くは、農村の労働者や農家の子だった。彼らは家で読み書きを教えられ、家事などの仕事の訓練も受けており、使用人として重宝されていた。大きな家での使用人の職は、他の仕事に比べても条件の良いものだったが、十九世紀の町のワーキング・クラスと違い、使用人になるのが賃金や衣食住の面でも最高の仕事、というほどではなかったのである。さらに、このような農村育ちの勤勉な若者も、ロンドンなどの大きな町に連れてこられると、都会の刺激や娯楽に目がくらんで道徳的にも堕落していくというのが、よく口にされる苦情だった。主人や女主人のお供をして劇場やパーティ会場などに出かけていき、他の使用人たちとも交流して、「町の生活」を知ってしまうと、タウンリーの戯曲の例のように、分をわきまえず、嘘やごまかしにたけた「悪い使用人」の典型となってしまうというのが、当時の町の使用人に関する見方であった。ウィリアム・レッキーの有名な歴史書『十八世紀のイングランド』（一八九二年）によると、当時は、主人のために席をとっておくようにと劇場に行かされた下男が、劇場に到着した主人に席を明け渡したのち、上の階の安い席に移って観劇していた。しかしこういった下男が劇場であまりにも騒がしくて態度が悪いので、一七三七年には、ロンドンのドルーリー・レーン劇場の運営者が彼らを閉め出そうとした結果、暴動が起こったということである（第二巻第五章、二二九ページ）。

このように、数が増えて手に負えなくなる使用人をきちんと監督し、それぞれに役割を与え、秩序を確立するのは、重要な事柄となっていった。特に、数十人の使用人を抱える大きな家では、使用人の格付けを細かくし、男性と女性の使用人にそれぞれ監督係を設け、厳しい上下関係を作ることによって、目上の者が目下の者に対してそのふるまいや仕事ぶりにつねに目を光らせ、不正や怠惰を阻止する制度ができあがったのである。どの使用人がどのような仕事をするのかも明確にされ、一番下っ端の単調で辛い仕事に従事する者でも、きちんと仕事をして頭角を現わせば、もっと条件の良い地位に昇格する可能性があった。こうして十九世紀には、使用人の世界には細かいヒエラルキーができあがり、伝統的な寄宿学校のように（パブリック・スクールと呼ばれるイギリスの私立の寄宿学校の、さまざまなルールや伝統もまさにこの時期に、秩序を保つために確立されたものなのだが）規律と上下関係が守られていったのである。

アッパー・クラスが田舎に構える広大な敷地に建つ邸宅は、「カントリー・ハウス」と呼ばれる。

典型的なカントリー・ハウスが抱える使用人の種類は次のようなものだった。

男性

家令（house steward）――家のことといっさいを取りしきる。紳士がなる場合もあった。のちに、かなり大規模の家以外では執事が兼ねるようになる。

執事（butler）――もともとは酒類の管理を担当した。お仕着せを着ない、「私服使用人」unliveried servant のひとり。使用人全体の監督（ハウスキーパーがいる場合は、男性使用人の監督）を行なう。食事の給仕や、従僕がいない場合の主人の身の回りの世話も、執事の仕事。

料理人（cook）――フランス人であることが多い。

従僕（valet　読みは「ヴァレ」あるいは「ヴァレット」）――主人の身の回りの世話をする「私服使用人」。

下男（footman）――揃いのお仕着せを着る。主人が外出するときに、馬車の外側につかまってお供をする。家の中での仕事は来客の対応、食事の給仕、銀器の手入れ、力仕事など、さまざま。一番偉い下男はファースト・フットマンで、以下、家の規模に応じてセカンド、サードと続く。

御者(coachman)――馬車の運転、管理を行なう。自動車が普及してからは運転手がそれにあたるが、仕事の性質上、御者がそのまま運転手になる例は少なかった。

庭師(gardener)――植物に対する専門的な知識が必要なので、使用人のなかではいささか特殊な立場にある。アンダー・ガーデナーと呼ばれる見習いが下につき、その監督もする。

女性

ハウスキーパー(housekeeper)――女性の使用人の監督をする。特に若い女性の使用人の身持ちに目を光らせていた。「私服使用人」のひとりで、女性の料理人や乳母と同様、独身でも「~夫人」と呼ばれていた。メイド(女主人つきのメイドは除く)の雇用や解雇はハウスキーパーの仕事だった。

レイディーズ・メイド(lady's maid)――女主人や、その家の娘の身の回りの世話をする。個室を与えられ、その掃除は他のメイドがした。

料理人（cook）――女性の料理人は男性よりも賃金が低く、劣る存在とみなされていた。

乳母（nurse）――子供部屋では絶対的な権限を持っていた。大きな家では、下に乳母つきメイド（nursery maid）が何人もいて、彼らを監督して訓練するのも乳母の仕事だった。

メイド（maid）――メイドの種類と数は、家の規模によってまちまちだった。大きな家では、部屋の掃除をおもに行なうハウス・メイド（housemaid）や、寝室の掃除を行なう部屋つきメイド（chamber maid）と、台所仕事のキッチン・メイド（kitchen maid）、食品貯蔵室つきメイド（stillroom maid）洗い場つきの下働きのメイド（scullery maid）、洗濯係のメイド（laundry maid）、農場つきの家では、乳搾りのメイド（dairy maid, milk maid）がいた。ハウス・メイドもアッパー・ハウス・メイド、アンダー・ハウス・メイドといったふうに、上下関係は明らかだったし、男性の使用人を雇っていない小規模の家では、客の応対をする応接間つきのメイド（parlour maid）もいた。同時代の同規模の家でも、メイドの呼称や役割にはそれぞれの家の習慣で違いがあった。メイドはお仕着せを着る必要があったが、下男と違って自前で用意しなければならず（そのための布地を雇い主から「贈り物」としてもらうこともあったが)、賃金も男性の使用人よりも低かった。

いわゆる「私服使用人」は、アッパー・サーヴァントとも呼ばれ、特別な権限や力を持っていた。ハウスキーパーと執事はそれぞれ寝室のほかに専用の居間も与えられ、アッパー・サーヴァントは朝食とお茶、夜の軽食は他の使用人とは別に、ハウスキーパーの居間(家令がいる家では家令の部屋)でとるのが慣わしだった。こういった明らかな差別と特別扱いは、まさに、パブリック・スクールの上級生に伝統的に与えられる特権を思わせる。ともすれば監督が行き届かず、無法状態になりがちだった、十九世紀のパブリック・スクールに秩序をもたらしたのが、この上級生の特権制度だが、まったく同じ発想で、使用人の世界にも厳しい上下関係が適用されたのである。

このような大きな家で働くのは、十九世紀のワーキング・クラスの人びとにとっては、恵まれたことであった。下働きとして雇われ、朝の五時に起きて夜まで働きづめであっても、食べ物は充分だったし、個室ではなくても部屋が与えられた。しかも、才能があって努力をすれば、最終的にはアッパー・サーヴァントに昇格して、特権を与えられるばかりでなく、引退するころには小金をため、主人からも退職金を与えられて、小さな店や飲食店、あるいは下宿屋などの主になり、ロウワー・ミドル・クラスの仲間入りをして、自分も使用人を雇う生活をするのも夢ではなかった。ワーキング・クラスにとっては、大きな家の使用人は、たいへん条件の良い職だったのである。

しかし、これが小規模の家の使用人となると、話は違った。特に十九世紀後半にその数が急増していく、ロウワー・ミドル・クラスの家に雇われる使用人の生活は悲惨なものだった。使用人をひとりでも置くことが、ロウワー・ミドル・クラスをワーキング・クラスの家と区別する条件だったが、そのような、かろうじて「ミドル・クラス」の対面を保っている家は、「なんでもするメイド」maid of all work と呼ばれる、若くて、多くの場合経験の浅い娘を、ひとり置くのがやっとだったのである。前述のように、このような家では、雇う側の女主人自身も使用人を置くような家に育っていないために、使用人の扱いや監督が未経験である場合が多かった。彼らにとって、ビートン夫人の『家政書』をはじめとする、使用人の手引きはありがたい存在だったのである。特に、十九世紀後半に拡がっていた廉価な郊外の住宅地では、使用人は他の使用人と交流する時間も機会もなく、孤独な生活を強いられていた。新たに「ミドル・クラス」となった雇い主は、自分と使用人との区別を意識するあまり、使用人に親しく話しかけたり世話を焼いたりするのを、極力避けていたのである。使用人は、「ミドル・クラス」の証として欠かせない存在だったが、こういった新しいミドル・クラスの家庭では「使用人問題」は、雇われる側だけでなく、雇う側の問題でもあったのだ。

一八九一年のイギリスの人口調査によると、総人口二九〇〇万人のうち、家庭の使用人は女性が一三八万六一六七人、男性が五万八五二七人という数を占めていた。このころになると、ワーキング・クラスの女性には、事務員や百貨店の店員など職の可能性が増えてはいくが、それでも彼らにとって、使用人というのはまだ、条件の良い職場だった。だが、二十世紀になると事情が変わってくる。第一次大戦で、男女ともに若者が戦争と、それを支える仕事に駆り出され、使用人の数が激減した。終戦後、これらの男女が再び使用人の職につくように呼び戻す試みがなされ、政府は使用人専用の訓練学校まで設立したが、あまりうまくいかなった。ただし、戦後の不況で他の職種につくこともままならない若者が一時的に使用人の職についたために、一九三一年の人口調査では、女性の使用人が一三三万二二二四人、男性は七万八四八九人と、特に男性の使用人の数が増えている〔フランク・ヴィクター・ドーズ『使用人の前ではやめて——階上と階下の生活』一五、一六五ページ〕。

とはいえ、これ以降、イギリスの家庭で雇われる使用人の数は減り続け、第二次世界大戦を機に、「使用人を雇うのはミドル・クラスの証」という風潮は消えていった。最後まで残っていたのは、「乳母」と「料理人」といった特定の技能を持つ人びとだが、今ではよほど大きな家でない限り、住み込みの使用人はほとんどいなくなった。雇っている場合も移民や外国人が多くなっている。しかし、使用人に関する状況がこのように変わった後でも、イギリスの伝統的な使用人に対するノスタルジアは根強く残っている。特に一九七〇年代、経済的にも困難な状況にあったイギリスは「古き良きイギリス」を懐かしむ風潮にあったが、その一環として、二十世紀初頭のアッパー・ミドル・クラスの家に雇われる使用人たちを描いたテレビドラマ「アップステアーズ・ダウンステアーズ」がひじょうな人気を集めた。さらに、二〇一〇年から二〇一五年にかけて放映された「ダウントン・アビー」はイギリスだけでなく、日本を含む海外でもたいへんな人気を集め、映画にもなっている。また、ドラマ以外では、二〇〇二年に、視聴者参加型のいわゆるリアリティ・テレビとして知られる番組のひとつ、「マナー・ハウス」が人気を呼んだ。これは、やはり二十世紀初頭の、カントリー・ハウスを再現しようとする試みで、視聴者のなかから、主人とその家族、そして使用人を演じる人びとを公募し、三か月間、当時のままの生活をさせるというものだった。必要とされる使用人の数のほうが主人とその家族の数よりも多いわけだが、特に、この種のリアリティ・テレビ番組を好んで見る現代のイギリスの人びとの階級も、当時の使用人の階級の人びとのほうが断然多いわけだから、この番組が人気を集めたのも無理はないかもしれない。

「使用人問題」は、こうして雇う側にとっても雇われる側にとっても、イギリスの歴史と文化において重要な地位を占めていた。使用人が、新聞や雑誌、エッセーなどで頻繁に取り上げられるだけでなく、小説や演劇、絵画や歌などにもさまざまな形で登場してきたのも不思議ではない。そしてなかでも特にその存在が顕著だったのは、執事、ハウスキーパー、料理人、従僕、そして乳母などの、アッパー・サーヴァントたちだった。もともとはワーキング・クラスやロウワー・ミドル・クラスの出身だが、若いころに大きな屋敷で下男あるいはメイドとして雇われ、厳しい訓練を受けてだんだんと格を上げていき、しまいにはテーブル・マナーやワイン、礼儀作法や服装などについて、主人も顔負けの知識を得、貫禄もつけていく。彼らは主役であることは少なかったかもしれないが、時には滑稽な、時には悲劇的な、そして時には脅威の存在として、つねに読者や観客の前に姿を表わしていたのである。

本書では、イギリスのこれら伝統的な使用人がどのようなかたちで小説や演劇などの文学作品に表われているかを考察しつつ、使用人についての記録、エッセー、ハンドブックなどを参照することによって、イギリス文化と文学における使用人のイメージとその実態を比較し、分析していきたい。具体的には、執事、ハウスキーパー、料理人、メイド、従僕と乳母と下男を取り上げる。下男やメイド（レイディーズ・メイド以外）はアッパー・サーヴァントではないが、彼らの多くは見栄えの良さで採用され、雇い主やその客と「親密」な関係に陥ることがあったため、小説や演劇に登場することが多いからである。さらに、イギリスだけでなく、アメリカや日本でこれらの使用人がどのようなイメージをもたれているか、それらのイメージがどのように生まれ、どのようにイギリス本国におけるイメージと異なっているかといった点にも目を向けることによって、イギリスの文化の特徴や独自性を明らかにしていくのが本書の趣旨である。

第1章　執事——旧約聖書からハリウッド映画まで

王様の執事になるのはどうだろうか？　そして私はファローの執事のことを思い出したが、聖書のその箇所を調べてみて、安心した。死体となって放り出されて、鳥についばまれたのはファローのパン焼き人だった。執事ではなかったのだ。

（エリック・ホーン『執事が見て見ぬふりをしたこと——貴族とジェントリーに五十七年間仕えたエリック・ホーン（執事）の人生と冒険』一九二三年、第二章）

これはエリック・ホーンという、もと執事が書いた自伝からの引用である。ホーンはイギリス南部の町サウサンプトンで、「きわめて貧しいが、きわめてプライドの高い両親」のもとに生まれた。

母親はレイディーズ・メイドだった。小学校を出たのちに、近所の医者の家で馬ていの手伝いをするが、その家の下男が結婚してやめたのを機に、下男に昇格する。冒頭の引用は、その時に著者が抱いた「野心」なのである。自分は本当の紳士ではないが、「紳士の気質」を得る決意をし、「一番上まで上りつめて見せる。紳士に仕えるのがこれからの自分の道なのだ」と固く決心したのだった。

しかしそのときにふと、学校で習った聖書の話を思い出す。執事に何か悪いことが起こったのではなかったか。そして慌てて調べてみると、悪いことが起こったのは執事ではなかったことが判明して、胸をなでおろす。ここで言及されているのは、旧約聖書の第一書「創世記」に書かれているヨセフのエピソードである。カナンの地に生まれたヨセフは、父親にたいへん可愛がられたために兄たちに妬まれ、奴隷として、エジプトのファラオ（古代エジプト王の称号）の侍従長であるポティファルのもとに売り飛ばされてしまう。ヨセフはポティファルに気に入られ、家の管理を任されるまでにいたるが、ポティファルの妻にも気に入られ、誘惑される。ヨセフはその誘惑を断固として退けるのだが逆恨みされ、妻を襲おうとしたと濡れ衣をきせられ投獄されてしまう。

獄中でヨセフは、ファラオの不興をかって同じように投獄されていた、ファラオの執事とパン焼き人に出会う。冒頭の引用で「ファロー」とあるのは、正しくは「ファラオ」である。著者の綴りや文法の間違いをあえて直さないほうが、「真実味のある人間記録」になるだろうという編集者の方針で、そのままになっているのである。彼らは自分たちが見た夢をヨセフに語り、ヨセフはその夢が何を意味するかあててみせる。それによると、執事は三日後に牢獄から出され、ファラオの執事としてもとどおり勤務することになる。しかしパン焼き人は三日後に牢獄から出され、殺されるというのだ。そして三日後に、この二人の使用人の運命はヨセフが予言したとおりになる。それから二年後、不可解な夢で悩まされていたファラオは、執事からヨセフのことを聞き、ヨセフを牢獄から呼びつけて、自分の見た夢の意味を解明するように言いつける。ヨセフはみごとに夢を解き明かし、喜んだファラオはヨセフをエジプトの宰相に任命するのである。

ヨセフの物語は、今でもイギリスの子供が最初に学校で教えられる聖書の物語のひとつである。作曲家アンドリュー・ロイド・ウェバーが作詞家ティム・ライスと組んで作った一九六八年初演の子供向けのミュージカル『ジョーゼフとテクニカラーの夢の外套』も、この物語を扱っている。このミュージカルの演出では、「執事」はイギリスの執事の服装をして登場する。時代錯誤のジョークなのは言うまでもないが、英語版の聖書で、旧約聖書の「執事」(ヘブライ語で「飲み物を与える者」という意味の言葉)に英語の butler(執事)という言葉をあてはめたのは、butler の役割が、ファラオの「執事」と同様、おもに酒などの飲み物の管理だったからである。

そもそも butler という言葉はフランス語の bouteillier(瓶を持つ者)から来たと言われている。たとえば、一八三二年に匿名で出版された『使用人の手引きおよび家族のためのマニュアル』という書物には、執事の仕事に関して、次のように書かれている。

執事が果たさなければならない最も重要な役割には次のようなものがあります。ワインの貯蔵室とビール貯蔵室の管理、食卓の準備、サイドボードとサイドテーブルの準備、皿の管理、そしてワイン、蒸留酒、エール、ウィスキー、石炭など、ハウスキーパーや厨房が管理しないすべての支払いを手配すること。

（「執事」、『使用人の手引書および家族のためのマニュアル』第三版、一八三二年）

「執事」を扱ったこの章ではさらに、ワインの保管の仕方、味が落ちた場合はどうすべきか、ワインの種類と産地など、ワインに関する知識が実に細かく、何ページにもわたって書かれている。つまり執事とは現在日本でもおなじみのソムリエのような役割を果たしていた。それだけではない。イギリスの大きな屋敷では伝統的に自分たちでエールやビールを作っていたが、それももちろん執事の役目だった。さらには、パンチ（ワインや蒸留酒に果汁や砂糖、スパイスなどを混ぜた飲み物）の作り方、ひびの入ったグラスの修理の仕方、一度使った瓶の洗い方など、飲み物に関するあらゆる事柄が執事の責任であり、また、実際の調理には手を出さなくても、食卓の用意、食器の管理、給仕といったことも、執事に任されていた。

率直な執事
紳士：酒蔵の鍵が欲しいんだろうね。
執事：それはワインのヴィンテージ次第ですね。
(『パンチ』1865 年 10 月 14 日)

酒に関してこれだけ詳細な知識を要求され、さらには酒蔵の鍵まで任されていた執事の多くが、酒飲みであり、主人の酒を盗み飲むことも多かったのも不思議ではない。エリック・ホーンは『執事が見て見ぬふりをしたこと』の中で、次のようなエピソードを紹介している。

ある貴族の執事（私が個人的に知っている者だったが）はウィスキーが好物だった。ポートマン・スクェア〔ロンドンの高級住宅街〕に住んでいた。奥様は何度か奴に、応接間の燭台のろうそくをともすときに、椅子やソファの上にのぼらないように注意していた。ディナーが終わると奴は、ろうそくをともすために応接間に走って行った。奴が思ったよりも早く、ご婦人方が食堂を出て応接間に来てしまった〔ディナーが終わると、ホステスが女性の客全員に目で合図して、先に食堂を出て応接間に入る。男性は食堂に残り、葉巻をふかしてポート酒を飲みながら、政治談議などをひとしきりした後、応接間で待っているご婦人方のもとへ向かうのがディナー・パーティでの習慣だった〕。奴は部屋のすみのソファの上にのぼっていたのだが、その晩はちょっと飲みすぎていた。ご婦人方がドアをあけて入って来たときにバランスを失って、ソファの向こう側に倒れてしまったのだ。とんだ見世物だ。また別の執事はあまりにも「できあがっていた」ので、ベルで呼ばれて応接間に入っていったのはよいが、用事を言いつけられた後、完全に方向感覚を失って、ドアがどこだかわからなくなった。歩き始めたのだがそれがまったく逆の方向で、しまいには、ド

執事（仲の良い友人に向かって）：さあ、どうぞ。ご主人様も、こんなおいしいマデイラ〔デザートワイン〕が飲めればなあ、と思っていることだろうさ。
（『パンチ』1859年2月19日）

アの反対側のテーブルの下でのびてしまった。奥様は再びベルを鳴らして、やって来た下男に、執事を片付けるように言いつけたそうだ。この話は奥様ご自身がなさっているのを聞いたのだが。

（『執事が見て見ぬふりをしたこと』第十章）

執事は引退するとパブの主人になることが多く、酒好きでないと勤まらない仕事だったのである。パブは当時は宿屋も兼ねていた。現在でもロンドンの高級ホテルとして有名なクラリッジの前身はミヴァーツ・ホテルといい、それを一八五四年に買いとったウィリアム・クラリッジも、もとは執事だったと考えられている。

執事は場合によっては、主人よりも酒に関する知識と味覚が優れていることもあった。ロアール（ロアルド）・ダールの作品に「執事」という短編がある。ある成金に雇われた執事が、主人を軽蔑しつつも、ワインに関する知識を一から教え、ワイン・セラーにも最上のワインをストックさせるが、しまいにはワインごと姿をくらましてしまうという物語である。まぎれもない詐欺の話なのだが、これを読むと、なぜか執事のほうに共感を覚えてしまう。一流のワインは、その価値がわかる者が味わうべきだと納得してしまうのである。

前の章でも述べたように、執事は男性のアッパー・サーヴァントのなかでは最も高い位置となる。

普通は下男の見習い、第二下男、第一下男、下男長、執事見習いといったふうに徐々に昇格してようやく達成する地位だった。十八世紀までは、groom of the chambersと呼ばれる男性の使用人がおり、それが使用人のなかではもっとも格が上だったが、のちにその仕事を執事が兼ねるようになり、後述する家令の仕事も兼ねて、執事がもっとも責任が重い、高い地位の男性使用人となる。先に挙げた飲食関係の仕事のほかに、男性の使用人すべての監督を行ない、従僕や料理人を除く男性の使用人の雇用や解雇も仕事のうちである。大きな屋敷ではこの役割は家令（「執事」と訳されることもしばしばある）が担っていたが、十九世紀には家令を雇わずに、執事にその代理を果たさせる家が増えていった。十九世紀の半ばには、執事がすでに高い地位を占めるようになっていたのは、『使用人の手引書および家族のためのマニュアル』の記述からもわかる。

執事の地位は、ハウスキーパーと同じく、ひじょうに大きな信用と重要性を持つもので、お屋敷の運営と、快適な生活にはかかせないものです。男性の使用人の頭として他の使用人から敬意を払われ、雇い主に信頼されるだけでなく、きちんとした地位にある商売人の食卓に招かれることも稀ではありません。このような機会を得ることで、執事は自らがその階級の仲間入りをすることができるのです。じっさい、若いうちから勤勉、誠実、倹約を常としていれば、執事という仕事ほど、出世を可能にしてくれるものはありません。

当時の賃金を、現代に換算することはきわめて難しいが、サミュエル・アダムズ夫妻の書いた『完璧な使用人』（一八二五年）によると、財産が一万六千ポンドから一万八千ポンドの家では、執事の賃金は一年に五〇ポンドほどだった。ワーキング・クラス出身であっても、お屋敷で経験を積み、礼儀作法を学び、味覚を洗練し、贅沢な食べ物や酒に関する知識を得ることができ、さらに努力と才能があれば、「きちんとした地位にある商売人」、つまりロウワー・ミドル・クラスにまで上ることができるのである。ただしこれはもちろんそうたやすいことではない。勤勉や努力だけではなく、身体的能力や才知にたけている必要もあった。優秀な執事とはしたがって、頭が良く、優秀な才能を持つ者であり、知性の面でも体力の面でもそう優れているとはいえない、イギリスのアッパー・クラスの主人たちよりも秀でていることは少なくなかったのである。

このような優秀な執事と、その存在がもたらしうる脅威を描いたのが、『ピーター・パン』の作者として有名なJ・M・バリー（一八六〇〜一九三七）の戯曲『あっぱれクライトン』（一九〇二年初演）である（ちなみに原題'The Admirable Crichton'は、スコットランドで天才とうたわれたジェイムズ・クライトン［一五六〇〜八五？］の呼び名であり、のちに、手がけたことはなんでも成功する、優秀な人物を指す表現となった）。ロンドンの高級住宅地メイフェアにある、ローム伯爵邸の執事クライトンは、「齢三十で執事となることで、最大の大望を果たした」人物である。彼は非の打ちどころのない執事で、雇い主ともうまくいっているが、ただひとつ、大きな不満がある。雇い主のローム伯爵が「急進的な思想」にかぶれてしまい、月に一度、家中の使用人を客としてお茶に招き、「同等の立場」で交流する習慣を作ったことだ。舞台の幕が開くと、クライトンがいかにも気が進まないといったふうで、その月一度のお茶会の準備を進めている。嫌がっているのはクライトンだけではなく、他の使用人も、雇い主たちとのこの月一度の交流を嫌っている。しかもその理由は、彼らが目上の者と同席するのが気が重いといったことではない。「自分の地位をわきまえる」ことを美徳として教えられ、使用人の世界においても厳しい上下関係を保っている彼らにとって、たとえ一時的であっても、従来の上下関係が覆されるのは苦痛でしかないのである。

アッパー・クラスの屋敷において、雇い主と使用人が「同等」の立場で交流することがまったくなかったわけではない。結婚や跡継ぎの誕生などのお祝いの席に、使用人が同席することが許される場合もあったし、クリスマスなどの祝祭のときに、「使用人の舞踏会」が開かれることもあった。女性のための教育に貢献したことで有名なレイディ・フレデリック・キャヴェンディッシュ（一八四一～一九二五）の娘時代の日記には、父親のリトルトン男爵が開いた使用人の舞踏会のようすが記されている。

一八六三年十一月三日火曜日。ハグリーにて。

不快な天気。今週の最後の催しとなった使用人の舞踏会には、ストアブリッジの商人とハグリーの農夫たちが参加したが、週の中で最もにぎやかで楽しい催しだったかもしれない。……夕食の前にお父様が短いスピーチをなさって、参加者全員の好意あふれる態度と元気な様子をありがたく思うとおっしゃった。全員が喜んでくれたようで、万歳三唱をしてくれた。……お父様が不用意にも、皆に好きなだけ楽しんでいってくれとおっしゃったので、舞踏会はなんと、六時半まで続いた！　うちの使用人の多くは一睡もしなかった。全員がお父様とチャールズを褒め称えていたことを、後でニューマニー〔乳母の名〕から聞いた。本当に心が温まる。

このような催しでは、主従が一緒に楽しむという体裁をとっているが、主人側が使用人や下の階級の者を「ねぎらってやる」という性質のものであるのはもちろんである。しかし『あっぱれクライトン』では、ローム卿はどこかから仕入れてきた、「人間は自然に返らなければならない」という思想にかぶれて、週に一度、使用人たちを自分たちと「同じ人間」として、お茶に招くのである。そこでは使用人はひとりひとり「ごきげんいかがですか？」と挨拶され、アッパー・サーヴァントは呼び捨てではなく、「ミスター」、「ミス」をつけて呼ばれる。ならば使用人をそもそも置かなければよいのであるが、ローム卿はそこまで急進的なことは思いつきもしない。じっさい、当時のアッパー・クラスおよびアッパー・ミドル・クラスにとって、使用人なしの生活は想像もできないほど、あらゆる面で使用人に頼りきっていたのである。

ローム卿がせいぜい思いつくことといえば、これから家族で出かけるヨットの旅に、三人の娘にそれぞれついているメイド三人を、一人に減らすことくらいである。しかしそれさえも娘たちから猛反対を受ける。

レイディ・メアリー〔長女〕　三人にメイドがたったの一人ですって。いったい私たちはどうすればよいの。

アーネスト〔メアリーのいとこ〕　自分のことを自分ですればいいのさ。

レイディ・メアリー　自分でするですって。何がどこにあるのかなんてまったくわからないのに？

アガサ〔メアリーの妹〕　お洋服って、後ろにボタンがついていることをご存知？

キャサリン〔メアリーの妹〕　誰が私たちに靴をはかせてくれて、馬車に乗せてくれると言うの？

レイディ・メアリー　誰が私たちをベッドに寝かせてくれて、誰が起こしてくれるの？　それに窓のブラインドを開けてくれる人がいなければ、いったいどうやって朝になったことがわかるというの？

（『あっぱれクライトン』第一幕、第一場）

これは決しておおげさではなく、二十世紀初頭になっても、この階級の人びとはここまで使用人に依存していた。しかし、ローム卿のこの「とんでもない」思いつきに反発したのは娘たちだけではなかった。まずクライトンが大きな打撃を受ける。完璧な使用人にとって、主人の家のしきたりや慣習も、伝統にのっとった完璧なものでないと気がすまず、立派な淑女ひとりひとりにメイドがつかないなどという異例なことは我慢がならないのである。さらに、それぞれの娘についているメイドが、「三人に仕えるなんてプライドが許さない」と、次々とやめていく。そのうえ、ローム卿つきの従僕までもが、三人の娘にメイド一人しかつかない家にはもう居られないと、辞表を出す。アッパー・クラスの家に仕える使用人が、主人の家柄や富、権力といったものをきわめて誇りに思い、自分と同一化するさまが、ここでは滑稽に描かれている。

従僕がやめるのであれば、誰でもよいから新しい従僕を探せと息巻くローム卿を心配し、レイディ・メアリーは、クライトンに、従僕としてヨットの旅について来てくれないかと頼む。執事のクライトンにとっては、従僕を務めるということは格が下がることを意味し、最初は「気品のある、威厳を持った態度で背筋を伸ばし、感情を害したことをあらわにする」のだが（同前、ト書き）、レイディ・メアリーは「あんなに危険な平等主義を抱いていらっしゃるあなたのご主人を、あなたの目の届かない、遠いところに行かせてしまっても平気なの？」と忠誠心に訴えてクライトンを説得する。クライトンがローム卿の従僕に成り下がって、旅のお供をすることになったのを聞いて、アガサがそのわけを知りたがると、クライトンは次のように答える。

クライトン　お嬢様、私の父は執事で、母はレイディーズ・メイドでした。これは最高の組み合わせかもしれません。そして私にとって世の中で最も美しいものは、すべてが本来の地位に収まっている、イギリスの高慢な上流階級の家なのです。お嬢様と平等だなんて言われて私が嬉しいわけがありましょうか。

（同前、第一幕、第一場）

クライトンは「家の名誉を守るために」ローム卿のお供をして、主人がこれ以上平等主義にかぶれないように、目を離さないようにするというのである。こうして最初の幕が下りる。

第二幕では一行は無人島にいる。ヨットが転覆して、全員が島に打ち上げられたのだ。彼らはこうしてローム卿の望みどおりに「自然に返る」のである。『ピーター・パン』でもわかるように、バリーは「離れ島」を扱った冒険物語に強く惹かれていた。文明から遠く離れた島では、体力、精神力、そして知力が優れたものがおのずと主導権を握ることになる。それが「完璧な執事」のクライトンであることは言うまでもない。それまでの上下関係が徐々に覆されていき、皆がクライトンをリーダーとして受け入れ始める。第三幕では、無人島での生活も二年が経過し、主従関係は完全に逆転している。彼らは自らの手で建てた小屋で生活し、動物の皮を身にまとっている。ローム卿とその甥や娘たちはそれぞれ役割を与えられて、肉体労働にはげんでいる。クライトンだけは個室にこもって、「水とお湯の出る水道」の設計という知的労働にいそしんでおり、ローム卿の娘たちはそんなクライトンに食事を持っていき、順番に給仕する。しかも、彼らはその仕事をまったく嫌がる様子がなく、むしろ、本来の姿を取りもどしたかのように、楽しそうに、生き生きしているのである。彼らは「自然に返る」ことを果たしたのだが、「自然」の中にもヒエラルキーが存在し、ローム卿とその家族は、彼らの体力や知力に見合う、本来の位置を見つけたわけだ。イギリスのアッパー・クラスが知性に欠けているというのは、イギリスにおける伝統的なイメージである。『あっぱれクライトン』でも冒頭の長いト書きで、ローム卿の家の中の様子が細かく描かれているが、そこにこのような記述がある。「いくつかの有名な絵画が飾ってある。ちらっと見て、『面白い絵だね』と言うためのものだ。知識をひけらかそうものならば階級が下に見られてしまうからである。」つまりクライトンがこの無人島でただひとり知的労働に従事しているのも、出身階級を考えると当然であるという、実は従来の階級観にのっとった展開なのだ。しかし、自分たちよりも優れた能力を持っていることがここまではっきりと示されると、ローム卿の娘たちは、男性としてクライトンに惹かれ始める。クライトンもここでは一番上の地位にいるので、恐れるものはない。彼はレイディ・

メアリー（島では「ポリー」と呼ばれている。「ポリー」は「メアリー」の愛称であり、ワーキング・クラスに多い呼び名だった）に結婚を申し込み、承諾を受ける。このことを報告されたローム卿（島ではたんに「父ちゃん」と呼ばれている）は憤慨するどころか大いに喜ぶが、そのとき、沖に船が現われる。危うく通り過ぎようとする船を、クライトンは自らが作成した信号機によって呼び止めようとする。ローム卿もメアリーも、島の生活が終わるのを嫌がって止めようとするが、クライトンは聞かない。ようやく船が島に近づき、全員が救助される。最初に船に乗せられるメアリーに向かってクライトンはうやうやしく「お嬢様」と呼びかける。すべてがもとに戻ったのである。

第四幕の舞台は再びローム卿のメイフェアの屋敷に戻っており、数か月後である。ローム卿とその家族はもとの生活を送っているように見えるが、クライトンに対して気まずさを隠せない。レイディ・メアリーは、以前からの婚約者であったブロックルハースト卿との結婚の話を進めていく。クライトンはローム卿に辞表を出し、全員をほっとさせる。最後に、罪悪感にかられたレイディ・メアリーとクライトンのあいだで、次のようなやりとりが行なわれる。

レイディ・メアリー　〔前略〕あなたは私たちのなかの、最も優れた人よ。
クライトン　離れ島ではそうかもしれません、お嬢様。でもイングランドでは違います。
レイディ・メアリー　（こう言うのも無理もないことだが）ならばイングランドがどこか間違っ

ています。

クライトン　お嬢様、たとえお嬢様からであっても、イングランドの悪口を聞きたくはありません。

（同前、第四幕、第一場）

クライトンはまぎれもなく優秀な人物である。優秀であるからこそ、ワーキング・クラスにとっては最高の地位である、大きな屋敷の執事という仕事を得ている。そしてそのような優秀なワーキング・クラス出身の使用人たちによって、イギリスのアッパー・クラスとアッパー・ミドル・クラスの人びとの生活が支えられていることを、バリーはお得意の「現実逃避（ファンタジー）」とともに描いて見せたのだった。そしてこの関係が保たれているのもひとえに、使用人たちがクライトンのように、従来のヒエラルキーに疑問を抱かず、優秀ならば、その中で上に登りつめることだけを考えているからなのである。じっさい、使用人の世界でもきわめて厳しい階級制度が守られているのは、こうして実社会の縮図を作りあげることによって、その中で上昇したいという願望を育てるためであり、その願望こそが、従来の階級制度を守るものなのであった。

ロジーナ・ハリソンという、長年メイドとして大きな家に仕えた女性が書いた、『紳士に仕える紳士』（一九七六年、邦題『わたしはこうして執事になった』）という本がある。これは、長いキャリアの中で実際に一緒に仕事をした、さまざまな男性使用人についての思い出を綴ったもので、なかでもエドウィン・リーという執事については、次のように書いている。

私の友人のなかでも、アスター家の執事、リー氏がもっとも大きな印象を与えてくれました。私はこれまで多くの有名で、重要な地位についた、裕福な人々に会ってきたし、話もしてきましたが、本当に偉大な人物だと感じたのは、ただひとり、「父さん」(というふうにあの人を呼ばせてもらっていたのですが)だけでした。サー・ジェイムズ・バリーのあの優れたお芝居『あっぱれクライトン』がおおげさだと思う人がいれば、働き盛りのころのリー氏を見てみるべきでした。そうしたら、作者が描いた人物はリー氏をもとにしていると思ったことでしょう。

(『紳士に仕える紳士』第三章「ミスター・リー」九〇ページ)

ハリソンは、執事としてのエドウィン・リーの優れた資質や、その立派な人格を褒め上げたのちに、次のようにしめくくっている。

多くの善良な人物がそうであるように、彼の人生は、もっと悪い人の人生に比べると退屈に思えるかもしれません。しかし私はそう思いません。彼の人生は、イギリス人のもっとも良い部分を表わしていますし、労働者階級があまり自分を良くする機会を与えられなかったと思われていた時代においても、充分に輝いていたのですから。もっと人が機会を与えられている今日だったら、あの人はもっともっと成功したかもしれないという人もいるかもしれません。国会議員さんになれたのではという人もいるかもしれません。でも、リー氏に聞こえるところでそんなことだけは言わないほうがいいでしょう。

（同前、九一ページ）

しかしイギリスの文学作品に描かれる執事は、このエドウィン・リーやクライトンのような、まぎれもなく優秀な人物だけではなかった。むしろ、ワーキング・クラス出身の独学で自分を磨いてきた人物が、ところどころに不正確な文法や語法の誤り、教養の欠如を示しながらも、思うところあって、自ら筆を取って文章を綴っていくといった、一人称の語り手として表わされる場合のほうが執事のイメージにあっていた。つまり、冒頭に挙げた実在の執事、エリック・ホーンのフィクション版である。語り手としての執事が重要な役割を演じた小説のひとつとして、ウィルキー・コリンズ（一八二四〜八九）の『月長石』（一八六八年）が挙げられる。英語で書かれた最初の長編推理小説とも言われるこの作品は、イングランドのある屋敷から、「月長石（ムーンストーン）」と呼ばれる貴重なダイアモンドが盗まれて、犯人探しが始まるという物語である。この小説の特徴は、ひとつの事件が、複数の語り手によって展開されていくことだ。まず最初に「プロローグ」と題された箇所では、事件の中心となるインドのダイアモンド「月長石」が、いかにしてインドからイギリスに持ち込まれたかが、家に関する文書“family paper”という形で書かれている。ここでは語り手は、そのダイアモンドを盗んだイギリスの士官ハーンカースルの従兄弟という設定で、アッパー・クラスの紳士が、従兄弟のしたことを非難しながらも、淡々と事実を綴ったという体裁をとっている。

しかし次の章では、文体はがらりと変わっている。まず最初に「『ロビンソン・クルーソー』の一二九ページ」からの引用が挙げられて、読者を驚かす。イギリスの屋敷からダイアモンドが盗まれた過程を描いた第一部では、語り手はその屋敷の主人レイディ・ヴェリンダーの執事、ゲイブリエル・ベタリッジとなっているが、ダニエル・デフォーの『ロビンソン・クルーソー』は、ベタリッジのいわばバイブルなのである。

ベタリッジの職業は英語ではバトラーではなくて、ハウス・スチュワードつまり家令となっている。家令とは、大きな屋敷のマネージャー的な役割をしていた男性の使用人である。E・S・ターナーの『執事が見たもの――二百五十年間の使用人問題』は家令を次のように解説している。

大きな館の責任者であるこの使用人は、その正体がいまひとつはっきりしない。使用人に心づけをやるのが当たり前だった時代には、屋敷の広間に立って手を差し出しているというイメージがあるが、それ以外の姿については、あまり多くは語られていない。

（第十一章）

家令は、使用人を監督し、彼らを雇ったり解雇したりする責任を担うほかに、食料品の管理をし、帳簿をつけていた。本物の紳士ではないにしても、紳士に近い存在とみなされ、主人の客とも、他の使用人に比べて、近い距離で接することができたようである。しかし前に述べたように、家令の役割は、大きな屋敷においても、十九世紀には執事が兼務することがほとんどで、執事との違いは、ターナーが言うように、当時の文献や、小説、演劇といった資料からはあまりはっきりしない。ただし、家令は同じ使用人といっても、執事のように、ワーキング・クラス出身の少年が経験をつんで下から昇進してきたのではなく、最初から、いわゆるロウワー・ミドル・クラスつまり商人や、あるいは経済的に窮地に陥った紳士クラスから採用されることも多かったようである。そういう意味では、「使用人」とは言えないが主人と同じ階級とはみなされないこともある、後述の「ランド・スチュワード（土地管理者）」や「ガヴァネス（家庭教師）」に似た存在なのかもしれない。

じっさい、エリック・ホーンなどは、家令を執事とは別の職種とはっきり認識しており、彼らに対する反感をあらわにしている。『続・執事が見てみぬふりをしたこと』でホーンはそれぞれの使用人の役割を説明し、家令と執事の仕事が変わらないことを認めている。

家令と執事は、その仕事の内容がほとんど同じなので、ひとくくりにする。唯一違う点といえば、家令は、その屋敷と取り引きのあるすべての店からの請求書の支払いを行なうが、執事は、自分の担当の部署に関する請求書の支払いをするだけであり、残りはそれぞれ、ハウスキーパーと料理人が、自分の担当の支払いをするのである。

（同前、第十四章）

しかし、ホーンの記述をさらに読むと、家令がはっきりと批判の対象になっていることがわかる。

家令はお屋敷の使用人のあいだに大きな不満を抱かせる原因であることがしばしばである。と言うのも、その欲の深さとえげつなさは、他の者と比べものにならないくらいだからだ。彼は、すべての出入りの商人からマージンを取っている。

これが原因で、ある大きなお屋敷では、一年のうちに第一級の料理人が次から次へとやめていったのを見た。彼〔家令〕はすべての店に割引きさせて、差額をふところに入れてしまい、出入りの洗濯業者にまで要求したのだ。……

もしこのことを追求されたら、商人も家令もあっさり否定するだろう。しかしもし、出入りの商人が割引を拒んだら、家令は届けられる商品に文句をつけ、割引をしてくれる別の商人と取り引きをするようになるのである。

基本的に独身であることが求められていた執事と違って、家令は結婚していてもよかったので、こうして不正に手に入れた収入を家に入れたり、あるいは、賄賂として出入りの商人から受け取った食料品などを持ち帰り、それを妻がさらに近所の人に売るなどということも行なわれていたようだ。ホーンはもちろん、自分が個人的に知っていた家令を非難しているのであって、家令がすべてこのような、不正を働く人物だと思っているわけではないだろう。しかし、ひとりの人間がその屋敷のすべての監督を行なうという制度は、その監督者がよほど信頼のおける人物でない限り、こうした状況に陥りやすいことは確かである。しかも、家令がうまくやれば、実情は雇い主にはなかなか伝わりにくい。ホーンの描くこのけしからぬ人物も、雇い主には信頼されていた。

奴は二つの顔を持っていた。一つは上の階用（アップステアーズ）、もう一つは下の階用（ダウンステアーズ）である。奥様は奴をすばらしい、有能な男だと思っていらした。非常にほんものらしく、とても礼儀正しいと。でも下の階では、目下の者に対しては悪魔のような奴だった。体重が二〇ストーン〔一二六キロ〕

もあって、食べるために生きているような奴だった。

……こいつがいつ正体を暴かれて、くびになるか見ものだと思うが、現在は「王様はいつも正しい」という状態なのだ。

したがって、ひとりの使用人頭を設けるよりも、男性使用人の監督と酒蔵の管理は執事、女性使用人と食料品の管理はハウスキーパーといったぐあいに、責任を分散させるほうが何かと都合が良いことが明らかになってくる。責任をもたされたアッパー・サーヴァントも、ほぼ同等の地位が複数いるほうが、互いにけん制しあい監視しあうがゆえに、不正も抑えられ、うまくいくようになるのである。家令が十九世紀になって、大きな家からも消えていった理由のひとつはこれだろう。

しかし話を『月長石』に戻すと、この語り手のひとりである家令はむしろ、ワーキング・クラスの出身で、努力して下から上がってきて家令の地位を手にいれた、従来の執事と同じような立場の使用人である。じっさい、ベタリッジの働くこの屋敷では、逆に執事がおらず、ベタリッジが両方の仕事を兼ねている。

奥様のお屋敷では私は家令だけではなく、執事でもありますので（いちおう申し上げておきますと、私が特にお願いしたからです。亡くなったご主人様の酒蔵の鍵を自分以外の人間に譲るのがしのびなかったので）、わが屋敷の名高い赤ワイン、ラトゥールを取り出して、ディナーの前によい温度になるように、暖かい夏の空気にあてておきました。

（第三章）

この描写にあるように、彼は執事からさらに昇進して家令の地位を与えられたが、酒の管理の仕事を手放したくないので、家令と呼ばれながらも執事の仕事を兼ねて行なっているという、従来とは逆の立場にいるのである。したがって、彼がいわゆる伝統的な執事の特徴を持った人物として描かれているのは間違いない。

『月長石』の人気の理由のひとつは、それぞれこのように明らかな特徴を持った人物が、その階級、語彙、信条などをあらわにしながら、物語を語っていくことの多様性にある。特に冒頭で展開されるベタリッジの語りは、メロドラマティックな犯罪の物語に、地に足のついた、ユーモアの要素を添えているのである。

主人の娘のレイチェルの従兄弟であるフランクリン・ブレイク（彼がこの作品の「素人探偵」でもあるが）から、事件についての回想を書くように勧められたベタリッジは、最初は自分にそんなことは無理だと辞退しようとするが、とにかくやってみろと強いられて、ペンをとる。そしてさっそく、愛読書の『ロビンソン・クルーソー』へと話がそれていく。

これまでに『ロビンソン・クルーソー』に匹敵するような本は書かれたことがないし、これからも書かれることはないだろうと私が言っても、無知な男の戯言と、かたづけないでください。私はもう何年もこの本に接してきました。たいていは、パイプをふかしながらでしたが。そしてこの本は、人生において、何か困ったことがあったときにいつでも助けてくれる友であり続けました。意気消沈していたときには――『ロビンソン・クルーソー』。何か助言が欲しいときには――『ロビンソン・クルーソー』。過去に、妻とのトラブルがあったときに、そして今、少し飲みすぎたときに――『ロビンソン・クルーソー』。この仕事について、一生懸命に働いて、これまで六冊もの、頑丈な『ロビンソン・クルーソー』をぼろぼろにしてきました。奥様がこのあいだのお誕生日の記念に、私に七冊目を贈ってくださいました。それで安心して、少し飲みすぎましたが、『ロビンソン・クルーソー』が私をもとどおりにしてくれました。値段は四シリング六ペンス、青い表紙がついていて、挿絵まで入っています。

（同前、第一章）

デフォーの『ロビンソン・クルーソー』は出版以来、たいへんな人気が続いていたが、ベタリッジがここまで『ロビンソン・クルーソー』を愛読するのは、それが、読者に「分をわきまえる」ことの大切さを説教しながらも、実は、主人公が最終的には階級を飛び越えて、富と成功を得る物語だからである。ロビンソン・クルーソーは、自らの社会的地位を「下層階級の上部」と認識しており、父親には、それがもっとも安定し、ワーキング・クラスのように苦しい生活を強いられない一方で、上流階級のように自尊心や贅沢や野心に毒されていないので、もっとも幸せなのだと諭される。にもかかわらず、自分の生活に満足できなくて家をとびだしたせいで、当然の報いとして、海賊に襲われたり無人島に漂流したりするのだと反省しつつ、最後には富を得てイギリスに帰国する。さらに、養子にした甥二人のうちの一人に土地を与え、ジェントルマンの階級に入れることに成功するのである。

この書を愛読するベタリッジは、自分の階級に対する不満や、「紳士になりたい」といった「分不相応」な野心を抱いているわけではない。主人の一家に対して誠実な態度を保ち、そこで起こった奇怪な犯罪に心を痛め、自分が見てきたことを忠実に書き留めるだけである。コリンズがベタリッジのナレーションで強調しているのは、つづりや文法の間違い、もったいぶった表現、あるいは言葉の誤った使い方といったような、明らかな「ロウワー・ミドル・クラス」的な特徴ではない。話が脱線しやすいこと、説明がややもってまわっていること、そして何かと言うと『ロビンソン・クルーソー』が言及されることで、「独学でここまで来た、勤勉な執事」という、ベタリッジの特徴を表わしているのである。「分をわきまえつつ、それでも成功したい」という、いわば模範的使用人が抱く、せいいっぱいの上昇志向を満足させる作品が『ロビンソン・クルーソー』であり、それを愛読することによって、ベタリッジが「典型的な執事」であることが読者に示されるのである。

また、執事を語り手にすることにはもうひとつ意味があった。「使用人」は洋の東西を問わず、盗み聞きや覗き見をすることによって、主人の家で起こっている事柄は何でも知っているというイメージがあるが、イギリスでは特に執事についてそのイメージが強い。ひとつには、使用人のなかでも執事がその仕事の性質上、家のどこにいても不審がられることがないのと、「うっかり」聞いてしまった情報の意味を理解できるほどの常識と経験を備えているためだろう。人には見せられない光景や出来事を言うときに「執事が見たもの」という表現が存在するほどだ。また、十九世紀末から二十世紀初頭にかけて、イギリスの海岸の娯楽場に「執事が見たもの」という見世物が登場した。これは金を払って望遠鏡のようなものを覗くと、わいせつとは言わないまでも、子供が見るにはふさわしくない絵や写真が見える、という仕組みになっている。

このような、執事による一人称の小説の有名な例をもうひとつあげるなら、日本生まれのイギリス人作家、カズオ・イシグロの『日の名残り』(一九八九年)だろう。イシグロ自身は、実際には執事に会ったことはなく、この小説の語り手である典型的なイギリスの執事、スティーヴンズのイメージは、イギリスのユーモア作家P・G・ウッドハウス(一八八一～一九七五)の小説の登場人物、ジーヴズから得たものであると語っている。ウッドハウスについては「従僕」の章でより詳しく取り上げるが、一九〇二年から死ぬまでに、一二〇作以上の長編小説や短編小説を書いている。エムズワース卿という、エキセントリックな貴族を扱った「ブランディングズ城」シリーズや、機転がきき、抜け目なく行動することで、必ず欲しいものを手に入れる「スミス」（つづりはPsmith）のシリーズなど、ひとりの特徴的な人物をめぐって、さまざまな「事件」が展開されるという作品が多いが、なかでももっとも人気があるのが、上流階級の若い紳士、バーティ・ウースターに仕えて彼を窮地から救う従僕、ジーヴズのシリーズであろう。

イシグロが『日の名残り』のスティーヴンズを書く際にジーヴズを参考にしたのは、この人物が現代の読者にもっともなじみのある、典型的な「舞台の執事」stage butlerだからである（前述のように、ジーヴズは実際は従僕だが、特にアメリカの読者には、執事だと思われている。「従僕」というコンセプトがあまりなじみのないものだからだろう）。そもそも現代のイギリスでは、バトラーとは、大多数の人にとっては小説や演劇、映画やドラマを通して知る、「舞台の執事」と呼ばれる、カリカチュア的な存在でしかない。個人的な感情はいっさい表わさず、よけいなことも言わず主人に忠実に仕え、仕事にも有能だが、つねに影の存在で自己主張をしない、というのが「舞台の執事」であり、イシグロの小説では、語り手はこのような典型的な執事である。自分自身は、生涯に大きなことをなしとげることはとてもできないが、雇い主であるダーリントン卿が大きな影響力を持つ人物で、国のために貢献している。その雇い主を執事として支えることに、自分の尊厳をみいだそうとしている。しかし、のちにスティーヴンズは、崇拝していたダーリントン卿が、ナチス・ドイツに対する宥和政策を奨励し、そのために策略を弄していたせいで、親ナチ派の売国奴とみなされるようになったことを知る。自分の信じていたものを否定されて衝撃を受けたスティーヴンズは、自分の過去をたどってなんとか自分の「尊厳」を取り戻そうと、自己欺瞞や正当化に満ちた、回想の旅を始めるのである。

イシグロの長編小説はすべて一人称で語られているため、その作品を論じる際、「信頼のおけない語り手」unreliable narrator という表現が使われることが多い。この用語はもともとはアメリカの評論家のウェイン・ブースが、一九六一年に出版された『フィクションの修辞学』で使ったものだが、イギリスの文学者で小説家のデイヴィッド・ロッジが著書『小説の技巧』（一九九二年）で『日の名残り』の語り手について使ってからは、イシグロの作品の書評には決まって「信頼のおけない語り手」という表現が使われるようになる。しかしそもそも、イギリスの小説でこの手法が使われるときには、語り手の言葉遣い、語彙、文法などによって、その性格や受けてきた教育、そして所属する階級が表現され、登場人物のひとりとして読者は語り手について明確なイメージを抱くことができるのである。前に挙げたウィルキー・コリンズが、『月長石』の第一部の語り手を執事にしたのは、このような意図のもと、執事のキャラクターを通して、コミックな要素を添えるためだった。また、当時の読者にとって、使用人は「個人」ではなかった。自分の使用人に家族や私生活があることなど、想像もしなかった雇い主が多かったのは、当時の小説や演劇からもうかがえる。ベタリッジが執事であるというだけで、読者はそれ以上の情報を要求せず、ひとりの登場人物として彼を受け入れることができたのである。同様にイシグロも、スティーヴンズを「典型的な執事」として読者の前に表わし、語り手の性格とか正確な出身階級といった、よけいな情報を与えない。スティーヴンズはあくまでも「個人」ではなくて、「執事」というステレオタイプとして描かれている。この手法をとおして、イシグロはある個人の物語ではなく、彼がその前の二つの作品でも扱ってきた、ひとつの普遍的なテーマ、人がいかに記憶を自らゆがめ、新たにつくりかえていくかというテーマを表現しようとしたのである。

このように、執事は、使用人のなかでも特に強いステレオタイプがあった。一方では上昇志向で勤勉だが、どこか小市民的で、酒好きなワーキング・クラスの男性としての顔。そして他方では、洗練され経験と知識が豊富だが、決して感情を表に出さない、優秀な執事としての顔を持っている。これらの顔のどちらか、あるいはその両方のあいだの矛盾が「執事のイメージ」として、イギリスの文学や戯曲に描かれてきたのである（たとえば「ダウントン・アビー」に登場する執事のカーソンなどは、いわゆる「優秀な執事」の典型として最初に登場するが、最初のシーズンの第二回で、実は昔は「陽気なチャーリーたち」という名前の芸人コンビの片割れであったことが発覚する。カーソンが「完璧な執事」であるからこそ、この「過去」が驚くべきものとなるのであり、他の使用人であったらそこまで話の種にはならないだろう、プロットの展開である）。

最近の「執事もの」といえば、故ダイアナ妃の執事のポール・バレルが二〇〇三年に出版した回顧録『ダイアナ妃・遺された秘密』が話題を呼んだ。この本の前半にはバレルがダイアナ妃の執事になるまでの経過が書かれているが、エリック・ホーンのような、典型的なワーキング・クラスの少年の出世物語であるのが興味深い。バレルはイギリスのダービシャーの炭鉱町で育った。父親は石炭を運ぶトラックの運転手で、自分も将来は炭鉱で働くことを期待されていたが、幼いころにロンドンに連れて行かれてバッキンガム宮殿で衛兵の交代を見て、王室に憧れを抱き、宮殿で働きたいという夢を持ったと書いている。義務教育を修了してからホテル営業の学校に行き、卒業後は数年間ホテルに勤めて経験を積んだのちに、バッキンガム宮殿の下男の職に応募して、採用された。それからエリザベス女王つきの下男に昇格したが、のちにチャールズ皇太子と別居したダイアナ妃の執事に抜擢され、ダイアナ妃が一九九七年にパリで事故死するまで仕えた。

バレルのこの回顧録は、英国王室という華やかな世界を扱っているだけでなく、バレルがダイアナ妃にとって、執事に加えて個人秘書やボディガードの役割を果たし、さらに信頼できる友人とみなされていたという要素を見てみても、従来のフィクション、あるいはノンフィクションとは異質のものに感じられるかもしれない。しかし、自分の仕事に対する著者のこの上ない誇りと、自力で今の地位と立場を手に入れたことに対する喜びと感慨が表われていることと、ときどき犯す文法上の誤り、そして著者が語る「事実」がかたよっていたり、部分的であるということからも、彼は明らかに「信頼のおけない語り手」であり、この回顧録はまさに伝統的な「執事が見たもの」の典型とも言えるのである。著者は一九五八年生まれだが、二十世紀前半までのワーキング・クラスのひとつの出世コースだった「優秀な使用人」の道を、「王室」という、従来の使用人の世界がそっくりそのまま残っている場所に見いだし、成功した。バレルは一九九七年に、王室に長年仕えた報酬として、勲章を与えられている。一方で、ダイアナの生前から、「ダイアナと一番親密なのは執事」と騒がれてパパラッチに追いかけられたり、さらに二〇〇二年にダイアナ妃の遺品を盗んだとして訴えられたりと、典型的な執事像とはかけ離れた部分も見られるのはもちろんである。年齢もダイアナ妃に近いということで、彼の手記によると、ダイアナと二人でソファに並んで、お気に入りのお涙頂戴映画を見たとか、ダイアナの衣装についてのアドバイスをしたとか、離れているときには一日に何度も電話がかかってきたなど、友人かつ相談相手の役割を果たしていたという。主人やその家族についていっさい他言してはならないという規則を使用人に徹底させるのが優秀な執事の仕事のひとつとされていたことを考えても、バレルは伝統的な執事とはとても言えないが、使用人が主人に仕えるだけでなく、親密になり、良き相談相手を勤めた例は、のちにメイドの章で挙げる、レイディーズ・メイドにはめずらしくない。主人の死後は、回顧録の中で、名を挙げて主人やその交友関係について書いたメイドがいたのも、のちに述べるとおりである。

じっさい最近のイギリスでは、この執事のイメージ自体も変わってきている。前にも挙げた、ロンドンのクラリッジなどの高級ホテルでは、「執事サービス」なるものを提供し、宿泊客ひとりひとりの要求や好みに答えるようにしている。これは日本の一部の高級ホテルでも見られるものだが、従来の「執事」というよりは、後の章で述べる、「従僕」のようなものだ。日本で若い女性に人気の「執事喫茶」の「執事」も同様で、見栄えの良く洗練された優秀な男性が自分に仕えてくれるという、スリルを客に提供しているのである。イギリスの「伝統的な」執事はまた、アメリカの金持ちが好んで使うというイメージがあるが、これも、礼儀作法の知識や身のこなしなどで、完璧な紳士のように見える人物に仕えてもらうという喜びを味わうためで、イギリスの複雑な階級制度や階級意識から離れた文化でこそ味わえるものだろう。

アメリカのフィクションで最も有名な執事といえば、バットマンの執事のアルフレッド・ペニーワースかもしれない。ボブ・ケインとビル・フィンガーによって作られた、バットマンというスーパーヒーローは、一九三九年に漫画雑誌『ディテクティヴ・コミックス（探偵漫画）』に掲載され、連載されるようになる。ヒーローのブルース・ウェインはアメリカの富豪の息子だが、小さいころに両親が殺される場面を目撃し、犯罪者を憎み、戦いを挑むことを決意する。イギリス人の執事であるペニーワースが登場するのは一九四三年からだが、脇役として人気を博し、バットマンの漫画における重要な人物として定着した。最初は小太りの滑稽なキャラクターだったが、のちには典型的なイギリスの執事として、バットマンを陰から支える人物となる。二〇〇五年に作られた映画『バットマン・ビギンズ』では、マイケル・ケインズ演じるペニーワースが、両親を亡くしたヒーローの父親代わりのような存在となっている。

このような執事のイメージはたとえば一九八一年のアメリカ映画『ミスター・アーサー』（スティーヴ・ゴードン作、監督。ちなみにこの映画の主題歌が、有名な「ニューヨーク・シティ・セレナーデ」である）にも見ることができる。イギリスの喜劇役者ダドリー・ムア演じる主人公のアーサー・バックは百万長者の息子だが、酔っぱらいの女好きで、仕事はまったくしない。父親はアーサーに政略結婚をさせようとし、もし嫌ならば勘当すると脅す。一人ではまったく生活能力のないアーサーは、リンダ（ライザ・ミネリ）という女性に一目惚れしたにも関わらず、父親の言う相手と婚約する。しかし式の当日に酒の力を借りてリンダにプロポーズして、式をとりやめ、相手の父親に殴られるが、最終的に祖母の介入によって、一文無しにならずにすむ。アーサーにはホブソンという名の使用人がいる。映画の中では彼の役職ははっきりと名前では示されていない。アーサーの身の周りの世話をして、食事の世話から風呂のお湯まで入れるところは、従来の従僕のようだが、イギリスの名優ジョン・ギールグッドの威厳をたたえながら皮肉な言葉を口にするさまはむしろ、伝統的な執事のイメージに近い。彼はアーサーにとって父親のような存在であり、アーサーが初めて本当の恋をしたのを見て、リンダとの仲をとりもつ。

主人の恋愛沙汰に一役買う使用人としては、後の章でもとりあげるウッドハウスの作品中の従僕、ジーヴズが有名であり、アメリカでもこの作品はきわめて人気があるので、この人物造詣もジーヴズを意識していることは十分ありうる。しかし、原作のジーヴズが、主人思いを装いながらも、結局は自己の利益が一番の目的であるのに対して、『ミスター・アーサー』のホブソンは、心の底からアーサーを愛し、彼のためを思っている。そもそもウッドハウスのジーヴズを「執事」だと思っているアメリカの読者は多いし、使用人文化のなくなった現在のイギリスでも、「従僕」と「執事」は混同されている。この新しい「執事像」は、主人よりも年も上で、人生経験もある、優秀なイギリス人の使用人で、主人の身の周りの世話をしつつ、主人を精神的に支え、叱咤激励する、いわば従来のナニーのような存在なのである。ホブソンは主人を「アーサー」と呼び捨てにして、ときにはかなり失礼な発言をし、頭を叩いたり、ほっぺたを叩きさえする。まさに躾の厳しいナニーそのものだが、本来のナニーと違って、大人になっても面倒を見ることができる。ご主人様に一生付くことができる存在なのである。じっさい、二〇一一年に、イギリスの喜劇役者ラッセル・ブランド主演でこの映画がリメイクされたときには、ホブソンの役はヘレン・ミレンが演じる、イギリスのナニーに変わっていた。一九八一年の『アーサー』では、父親が金持ちのビジネスマンだが、二〇一一年版では、母親が忙しい実業家である。後の章でも述べるが、この「母親の不在」の要素が、アメリカ人にとって、子供を他人の手で育てることを納得させるものなのである。二〇一一年版ではナニーのホブソンは結婚の予定があったのが、式の二日前にアーサーの父親が亡くなったので、式をとりやめて、アーサーのそばにいる決心をしたという、より感傷的な要素もつけ加えられている。

映画では、ギールグッドもミレンも、イギリスの紳士淑女の典型として描かれている。金があるからこそ「本物の」イギリス紳士淑女を雇って、身のまわりの世話をしてもらうだけでなく、両親の代理までしてもらうというのがひとつの、現実逃避的な理想なのだろう。

第2章　ハウスキーパー——愛しすぎた女性たち

　全身をものものしく黒で包み、真っ白なレースとリボンに飾られた縁なし帽を頭にかぶり、腰に帯飾り（シャトレーン）の鎖〔女性のベルトに下げて鍵・時計・小さな飾り物などをつけるもの〕をつけているか、あるいは手に大きな鍵束を持っている、裕福な家のハウスキーパーの姿は、下の地位の使用人たちが恐れるものだった。彼女がやってくると、ハウス・メイドたちは震え上がり（文字通り）、女主人以上に恐がったのだった。

　これはフランク・E・ハゲットの書いた『階下の生活——ヴィクトリア時代以降のイングランドの使用人の生活』（一九七一年）の中の、ハウスキーパーに関する記述だが、たしかにハウスキーパーというのはかなり恐い存在だったようだ。と言っても、ハウスキーパーには二つのタイプがある。まずは、使用人が何十人もいるような大規模の屋敷において、女性の使用人たちの上に立って彼女たちを管理する役割を担うタイプで、もうひとつは、ロンドンなどの町の、より小規模な紳士の家で、その家の主人（独身やなんらかの理由でひとり暮らしの場合が多い）の世話をするタイプである。この引用に描かれているのは前者で、「裕福な家のハウスキーパー」とわざわざ書かれているのはそのためである。

ハウスキーパーがこのような大規模な屋敷で果たす役割はきわめて重要なものだった。一八三二年に出版された『使用人の手引書および家族のためのマニュアル』には、冒頭に、まずハウスキーパーについて、次のように書かれている。

> ハウスキーパーの仕事は、その家の管理において、もっとも重要な部分を占めています。家の運営に関するほとんどの事柄がハウスキーパーに任されており、ハウスキーパーの能力が、その家全体、そして家の中のひとりひとりが快適に、秩序をもって暮らしていくことを可能にするのです。

この職は、レイディーズ・メイドや乳母が長年務めて家族に信頼され、能力を認められてなることもあったようである。前にも書いたように、ハウスキーパーは女性の使用人の管理を任されるだけでなく、乳母とレイディーズ・メイドと料理人以外の女性の使用人を雇ったり解雇するのも仕事のうちだった。ハウスキーパーがメイドたちに恐れられるのも無理はない。しかしハゲットによると、若い男性の使用人も、ハウスキーパーには頭が上がらなかったようだ。彼は下男を務めていたアルバート・トマスの著書『今に見ていろ』（一九四四年）を引用して、次のように書いている。

一九〇〇年にノーフォーク公爵の第三下男だったアルバート・トマスは、痛風を患っている、体重二五二ポンド〔約一一三キロ〕の執事の足を洗わなければならなかったときのことを語っている。彼は使用人の控え室に戻ると、「あの口やかましい大酒呑みがムカデじゃなくて助かったよ。足が全部痛風にかかってただろうからさ」とこぼした。みな笑ったが、その笑いはすぐに消えた。というのもハウスキーパーに聞かれてしまったからだ。「あの時は本当にひどかった」とトマスは書いている。「公爵様に聞かれたほうがまだましだったね。公爵様は人間だから。でもあの女ときたら――たっぷりと油を絞られたよ。」

なぜここまでハウスキーパーが恐れられたかというと、大きな屋敷のハウスキーパーは、経験だけでなく優れた能力を要求されていて、その地位につくものは、ビートン夫人の言葉を借りると女主人の代理となり、「主人の家があたかも自分の家であるかのように管理しなければならない」からだった（第二章、「ハウスキーパー」）。ハウスキーパーには家の鍵がすべて任される。そして、より規模の小さな家だったら主婦がする仕事と権限を与えられるのである。

じっさい、鍵を任されるというのは、ミドル・クラスの女性にとっては、自分がひとつの家の采配を振るう地位に着いたことの象徴として、大きな意味を持っていた。たとえば、アッパー・ミドル・クラスの出身で、それほど裕福ではない牧師の娘として育ったジェイン・オースティンの家では、病気がちの母親に代わって、姉のキャサンドラが普段は「主婦」の役割を果たしていたが、姉が友人や親戚の家に滞在するためにしばらく家を留守にするときには、ジェインがその代わりを果たしていた。

私はとても偉くなったような気分です。昨夜はお母様のアヘンチンキを用意するという大役を仰せつかり、ワインの棚の鍵を持ち歩いています。それにこの手紙を書き始めてからもう二度も、台所に行って指示を出しました。

（キャサンドラ・オースティン宛書簡、一七九八年十月二十七日）

また、チャールズ・ディケンズの小説『荒涼館』（一八五三年）では、主人公のエスター・サマーソンが、後見人のジャーンディス氏の家に移った際に、メイドから家の鍵を渡されて、強く感動する。

荷物が届いて、すべてが揃っていたので、私はすぐに着替えて、自分の持ち物を片づけていたところ、メイド（エイダについていたメイドとはまた別の、それまで見たことのないメイドでしたが）が部屋にかごを持ってきました。中には鍵が二束入っていて、どの鍵にもラベルがつけられていました。

「お嬢様にとのことです」とメイドは言いました。

「私にですって？」

「家の鍵です」

……

「大きな束は家の中用の鍵で、小さな束は地下室の鍵です。明日の朝、お嬢様のご都合のよい時間に、どの鍵がどこの戸だなのものか、お見せすることになっています」

では六時半にお願いしますと私は答え、メイドが行ってしまうと、このように重大な信頼をいただいたことに胸を打たれて、しばらく呆然としていました。

（第六章）

ここで興味深いのは、エスターの立場である。彼女はもちろん使用人ではない。生まれたときから両親を知らず、ある女性によって育てられ、その女性が死んだのちに、法的な後見人であるジャーンディスに引き取られている。ハウスキーパーに任命されて、喜ぶどころか、「なぜそんな仕事をさせられるのか」と不満を感じてもいいはずである。しかしこの段階ではエスターも、そして読者も知らないことだが、エスターは、母親が結婚前に恋人とのあいだにもうけた私生児であり、育ての親はおばに当たる人物だった。彼女は義務感にかられてエスターを育てるが、ひじょうに信心深く道徳的に厳しい女性で、出生の秘密を知らせはしなかったが、エスターに「人より劣っている」という感覚を子供のころから植えつけて育てていた。したがってエスターは、階級こそ表面的にはアッパー・ミドル・クラスであっても、実際にはそこに属すような人間ではないと、つねに罪悪感と劣等感を持って生きている。そんな彼女にとって、ひとつの家のすべてをつかさどるハウスキーパーの役をいきなり任されるのは、きわめて名誉なことだったのである。しかもジャーンディス氏は独身だった。独身男性の家のハウスキーパーについては、後でもう少し詳しく述べるが、そうした家のハウスキーパーを務めることは、使用人というよりは事実上、その家の主婦となることだった。そしてじっさい、エスターはのちにジャーンディスから求婚され、承諾する（ただし、結局は別の男性と結婚することになるのだが）。

ミドル・クラスの女性にとっても、ジェイン・オースティンのように独身で自分の家庭を持つことのなかった女性、あるいはエスターのように自分の社会的地位と価値に自信が持てない女性がハウスキーパーの役割を果たすことは、「主婦」の地位を得るのも同然だったのである。したがって、ワーキング・クラスの女性にとっては、ハウスキーパーになることは、ミドル・クラスの主婦と同等の地位に昇ることを可能にする、ひじょうに大きな社会的昇格だったのだ。しかしこの地位に要求される能力は、すでに述べたように、並大抵なものではなかった。使用人の管理や食料の購入と管理のほかに、家計の管理もハウスキーパーの重要な仕事だったのである。ビートン夫人はこれに関して、次のように書いている。

ハウスキーパーにとって必要な能力のひとつは、家計の管理が完璧にできるということです。すべての出費の記録を正確につけ、家の管理費、商人から送られてくる請求書その他すべてを把握していなければなりません。（第二章「ハウスキーパー」）

何十人も使用人を雇っている大きな屋敷の家計簿をつけるのは、そうたやすいことではないのは明らかで、少しでも無駄があったり使途不明金を出すと、定期的に家計簿をチェックする主人に叱られるか、ひどいときには解雇された。なかには簿記に並々ならぬ才能を発揮し、主人をごまかす者がいたのは言うまでもない。

ハウスキーパーに家計簿がまかされていたことは、サミュエル・リチャードソンの有名な書簡小説『パメラ、あるいは報われた貞操』（一七四〇年、邦題は『パミラ』）を見てもわかる。この作品については、「メイド」を扱った章でまた詳しく述べるが、大きな屋敷で女主人に仕えていたメイドが、女主人の死後、代わりに屋敷の主人となった息子に貞操を狙われ、必死でその誘惑をしりぞけた結果、最後はめでたくその主人と正式に結婚するという物語である。この好色な若い主人、B氏は館を二つ持っており、それぞれにハウスキーパーをおいている。最初にパメラが働いていた館のハウスキーパーを務めるジャーヴィス夫人と、のちにパメラが無理やり連れ去られて軟禁されるもうひとつの館のハウスキーパー、ジュークス夫人である。

ジャーヴィス夫人は、パメラを守るために主人に刃向かったせいで解雇を言い渡されるが、家令のロングマン氏のとりなしで、屋敷にいられることになる。


ご主人様にロングマンさんがお話ししてくださったようです。ジャーヴィスさんがいかにいつもご主人様に対して忠実で、いつもご主人様のためだけを思っているか、そしていかに家計簿を正確につけているかということを。ジャーヴィスさんのつける家計簿と、リンカンシャーのお屋敷のジュークスさんのつける家計簿は比較にならないそうです。

（書簡二八）

しかしジャーヴィス夫人がジュークス夫人よりもハウスキーパーとして優秀なのは、家計簿をつける能力ゆえではない。自分の管理下にあるメイドのパメラの貞操を守るためならば「この無垢な娘にお手を触れてはなりません。私は命をかけてこの子を守ります」（書簡二五）と、主人に向かってさえ言ってのけるジャーヴィス夫人は、女性の使用人をあらゆる面できちんと管理するという義務を立派に果たそうとしている。一方、ジュークス夫人は、パメラを守るどころか、主人の手先となって、彼女を陥れる手伝いをする。家計の管理も上手くなければ、女性の使用人の管理も怠っているジュークス夫人は、ハウスキーパーとしても失格なのである。

別の例を挙げてみよう。一八五六年に出版された『家の運営のためのいくつかの提言、そして、女性の使用人のふるまい方の指導のための書簡集』という本がある。マライア・カルコットという女性が書いたもので、やはり書簡によって、使用人がおかれうる状況や、その際にとるべき行動などを提示している。『パメラ』のように、ひとつの完成した小説になっているわけではないが、やはり若いメイドの恋愛関係が重要なテーマとなっている。たとえば、「良いハウス・メイド」のキティ・ベルという人物が、ハウスキーパーのジョーンズ夫人によって、アッパー・ハウス・メイドに昇格され、自分の下に二人のハウス・メイドがつくことになったと、喜んで両親に報告する手紙がある。

その手紙には、ジョーンズ夫人自身がキティを褒めた言葉が書き加えられているが、キティの身持ちの固さが、特に強調されている。

このような家では、キティのような綺麗な娘には残念ながら誘惑が多いので、この娘がやってきたばかりのときは、かなり気にかけて、私自身の仕事が許す限り目を離さないようにし、何も悪いことが起こらないようにしていました。しかしすぐに、この娘がしっかりしていて自分で自分を守ることができるとわかったのは、私にとってたいへん喜ばしいことでした。

この模範的ハウスキーパー、ジョーンズ夫人はさらに、ある若い男性が言い寄るのを見ると、自ら彼女の両親に報告し、彼らの承諾を得ようとする。この男性はジョーンズ夫人の甥であり、半年前に店を構え、「信心深く育てられ、酒に溺れることもなく、正直で知恵も働く」人物なのだが、それまではあいにく「ひとつのことをやりとげたことがない」移り気な人物であると、ジョーンズ夫人は正直に打ち明ける。

今現在は、キティがあの子に愛情を抱いているとは思えません。でもあの子は人当たりがよく言葉巧みで、言い訳が上手なので、キティがあの子を好きになることは充分ありえます。もし甥が自分で言うように本当に心を入れ替えて、今の商売を堅実に一年か二年続けていけば、あの子がキティの夫となるのは私にとってとても嬉しいことです。甥が今の商売をしっかり続けることを証明するまで好意を見せないように、キティに忠告したいと思いますが、ご賛同いただけることと思います。

フィクションとはいえ、このように自分の身内の恥をさらしてでも、自分の監督下に置かれた女性の使用人を守るようなハウスキーパーこそが理想だったのである。

ハウスキーパーはこのように、自分の下におかれた若い女性の道徳面にも気を配らなければならない。その意味では、イメージとしては、イギリスの女子寄宿学校の教師と通じるところがあるのだ。じっさい、ハウスキーパーには、女子校の校長も顔負けの威厳と風格が期待されていた。そしてその威厳に見合うだけの待遇も用意されていた。序文にも書いたが、まず、ハウスキーパーは執事と同じく、自分ひとりの寝室のほかに、居間も与えられていた。この部屋は、ロウワー・サーヴァントからは「パグス・パーラー」（Pug's Parlour　十九世紀半ばごろから、アッパー・サーヴァントを「パグ」と呼ぶ使用人用語が定着したようだが、語源は不明）として知られており、そこではアッパー・サーヴァントたちが集まって朝食、お茶、そして夕食をとることになっていた。一日の主だった食事（ディナー）は彼らの場合は、アッパー・クラスやアッパー・ミドル・クラスのように夕食ではなくて、昼食だった。この昼食は使用人全員でサーヴァンツ・ホールと呼ばれる、使用人の控え室でとることになっていたが、メインのコースが終わると、アッパー・サーヴァントだけがハウスキーパーの居間に移って、そこでゆっくりデザートをとった。E・S・ターナーは『執事が見たもの』の中で、このちょっとした「儀式」を次のように描写している。

アッパー・サーヴァントはその地位どおりの順番でサーヴァンツ・ホールに入るのだが、そこでは、すでに揃っていたロウワー・サーヴァントたちが、立ったまま、無言でうやうやしく彼らを迎えた。テーブルの席はすでに決まっていて、そのルールは「神聖」と言ってもよいものだった。ハウスキーパーがテーブルの一番の上座に、執事がその向かい側、料理人がハウスキーパーの右側で、レイディーズ・メイドがその左側、副執事が執事の右側で、御者が左側、ハウス・メイドは料理人の隣で、キッチン・メイドはレイディーズ・メイドの隣といった具合である。もっとも年長の、あるいはもっとも地位の高い使用人が食前の祈りの言葉を言う。食事中はきわめて厳粛な雰囲気が保たれ、ロウワー・サーヴァントは、自分から会話を始めることなど思いもしなかった。テーブル・マナーを守るのに一生懸命だったのである。

（第十章）

ターナーのこの描写を読んだときに、どこかで見たことのある光景だと思ったのをおぼえている。私が一時在籍していた、イギリスの私立女子寄宿学校の食事風景である。生徒は最初に食堂に入り、それぞれの席の後に立って、先生方や寮母が部屋に入るのを待っている。一番偉い先生が食前の祈りを言ってからみな着席する。ナイフの持ち方が間違っていたり、テーブルに肘をついたり、ほおばったまましゃべったりすると、すぐに注意される。サーヴァンツ・ホールと違っていた点は、この緊張した空気の中で、会話を絶やさないようにしなければならないことだった。食事が終わって先生方がまず立ち上がる。入り口に一番近い生徒はすぐさま駆け寄って、ドアを開いて待ち、他の生徒は、椅子の後ろに立って彼らを見送るのである。その後、食堂にはほっとした空気が流れる。先生方が同席しないお茶の時間はかなりリラックスした、騒々しいものになりがちだったが、これは、アッパー・サーヴァントが同席しないときのサーヴァンツ・ホールの雰囲気も同様だったろう。序文でも触れたが、同じ階級の年長者が年少者を厳しく教育していく場という意味で、寄宿学校（男女とも）とサーヴァンツ・ホールにはかなり共通する点があるのかもしれない。

いずれにしても、ハウスキーパーとは、厳しくて威厳があるが、同時に、自分の管理下にいる若い娘たちの肉体だけでなく、精神にもつねに目を配っている、「厳しくても根は優しい」人物として小説や演劇に描かれることが多い。もちろん、上に挙げた、『パメラ』のジュークス夫人のように、主人には忠実だが、若い女性の使用人に対する責任をまったく果たさないどころか、その堕落を企む、「邪悪な」ハウスキーパーもいる。なかでも特によく知られているのは、時代はずっと後になるが、ダフネ・デュ・モーリアの小説『レベッカ』(一九三八年)に登場するハウスキーパー、ダンヴァーズ夫人だろう。

この小説は「不在者の影響」とでも呼べるような手法を使ったもので、表題のレベッカは小説が始まったころには死亡していて、じっさいに登場することはないが、その見えない存在が、ヒロインとそのまわりの人々の生活を脅かし、多大な影響を与えるというものである。この小説はヒロインが語る一人称の形をとっているが、彼女自身の名前は読者には明かされていない。彼女はひょんなことから、金持ちの紳士マキシム・ドゥ・ウィンターに見初められ、ドゥ・ウィンター夫人として、彼のコーンウォールの屋敷、マンダリーの女主人になるが、おそらくアッパー・ミドル・クラス出身だということ以外は、どのような家庭の出身なのか、両親がどんな人物なのかといった情報も読者には与えられていない(『レベッカ』の語り手の階級については拙著『不機嫌なメアリー・ポピンズ――イギリス小説と映画から読む「階級」』で取り上げた)。ただ、年齢が若いことだけは明らかで、使用人を何人もかかえた屋敷の女主人となって、ハウスキーパーや執事に指示を与えることに恐怖をおぼえている。しかも、夫マキシムの先妻(事故で死んだと思われている)が、美しく、賢く、社交界の花形で、マンダリーの女主人として申し分なかったと聞くと、なおさらである。

マキシムは新しい妻をマンダリーへ連れて行くが、そこでさっそくダンヴァーズ夫人の意地悪が始まる。ダンヴァーズ夫人は屋敷の使用人を全員玄関に集めて、主人夫婦を待っているのである。こういった場合に、使用人が玄関に勢ぞろいすること自体は、大きな屋敷ではよく行なわれており、特に異様なことではない。しかし、マキシムは若い妻が使用人の扱いに不慣れなのを知っていて、そのような出迎えをしないように、あらかじめダンヴァーズ夫人に指示を出していたのだから、この場合の夫人の悪意は明らかである。ハウスキーパーの従来のイメージどおり、ダンヴァーズ夫人は「威厳と落ち着き」のある人物だが、ハウスキーパーが普通は恰幅のよい中年女性（「恰幅の良さ」がどこか「暖かさ」を連想させるのだろう）として描かれるのに対して、ダンヴァーズ夫人は「頬骨が高く、大きな窪んだ目の、頭骸骨のような顔」をしていると描写されている。新しいドゥ・ウィンター夫人は、そんなハウスキーパーを見て「不安と恥ずかしさ」をおぼえるが、その最初の印象のとおり、ダンヴァーズ夫人は、新しい女主人をハウスキーパーとして支えているように見せかけて、彼女の不安と、先妻に対する嫉妬をあおり、恥をかかせていくのである。

最初はこのような微妙な嫌がらせをしつつも、表面上は優秀なハウスキーパーとして振舞うダンヴァーズ夫人だが、しだいにその悪意をむき出しにしていく。ある日、新しいドゥ・ウィンター夫人のために仮面舞踏会が開かれることになり、その衣装をどうしようかと迷っている語り手に対して、家の廊下にかかっている、ある肖像画の女性が着ている衣装と同じものを作ることを勧める。ダンヴァーズ夫人の思いがけない親切に感動した語り手は、なんの疑問も抱かずにその勧めに従い、夫を驚かそうと、当日までは夫にも衣装を見せずに準備を進める。そしてその衣装を着て得意げに舞踏会に姿を現わすのだが、夫はそれを見て顔面蒼白になり、すぐに着替えてこいと、荒々しく命じる。それは先妻のレベッカが仮面舞踏会で着たことのある衣装であり、ダンヴァーズ夫人の策略だったのである。

このようにダンヴァーズ夫人は、外見も内面も、伝統的なハウスキーパーのイメージの正反対のようだが、彼女がここまで新しいドゥ・ウィンター夫人を敵視するのには理由があった。彼女はハウスキーパーに昇格する前は、レベッカのおつきのメイドであり、レベッカを溺愛していたのである。実はマキシムとレベッカは便宜上結婚した仮面夫婦であり、二人のあいだには愛情などなかった。それどころか、レベッカ自身が道徳的に堕落した女性で、他の男性と性的関係を持っていたのだが、ダンヴァーズ夫人にはそのような姿は見えない。彼女はひたすらレベッカを思って、新しいドゥ・ウィンター夫人に嫉妬し、悪意を抱き、夫婦の関係を壊そうと企む。そして仮面舞踏会の翌日、「なんで私をこんなに嫌うのですか?」と問い詰める語り手に対して、「あなたがドゥ・ウィンター夫人の代わりをしようとしたからです」と答え、「まるで狂った女のように」レベッカの美しさについてまくしたてる。あげくの果てには「あなたはここの女主人には決してなれないのだから、ここから消えたらどうですか?」と、窓から飛びおり自殺をしろと勧めるのである。

この意味では、ダンヴァーズ夫人は、伝統的なハウスキーパー像とかけ離れているわけでもない。

というのも、自分の仕える主人、あるいは家族に対して、あまりにも強い愛情を抱くため、よそ者を敵視し、主人を脅かすと思われる存在を攻撃するというのも、ハウスキーパーに付随するイメージだからである。たとえばアガサ・クリスティの短編小説に「マーケット・ベイジングの怪事件」という作品がある（この先は結末を明かしてしまうので、知りたくない方は、次の段落までとばすことをお勧めする）。ベルギー人の探偵、エルキュール・ポワロが登場する作品のひとつだが、作中、執拗な恐喝を受けたせいで自殺した主人を思い、恐喝者に復讐するために、自殺を恐喝者による殺人に見せかけようとしたハウスキーパーが登場する。この作品が書かれた当時は、まだイギリスに死刑制度があったので、殺人者に仕立て上げられた恐喝者が、当然死刑に処せられるのをみこしたうえのことだった。「なんでこんなことを？」と、すべてを見抜いたポワロに訊ねられて、ハウスキーパーは、自分がもとは主人の乳母であったことを明かし、「あの子を愛していたんです」と泣くのである。

このように、ハウスキーパーはもともとは、その家の主人の乳母やレイディーズ・メイドといった、肉体的にも精神的にも密接な存在であったために、主人に対してきわめて強い愛情を抱きがちな人物として描かれる。主人に近い存在というのはもちろん、男性の主人に従僕として仕えていた執事についても言えることだが、やはり従来女性に付随すると思われている「母性本能」、あるいは「愛情の強さ」「理性の欠如」といった要素が、ハウスキーパーのこうしたイメージの形成に大きな役割を果たしたと言えるだろう。

そしてもちろん、階級の要素もある。クリスティの『杉の柩』(一九四〇年)という作品では、ビショップ夫人というハウスキーパーが登場する。彼女は堂々とした恰幅のよい女性で、「公爵夫人のような」威厳を持つ人物である。ところが雇い主のウェルマン夫人が睡眠中に亡くなると(最初は自然死であると思われていた)、ウェルマン夫人の姪のエリナーの前で「恥ずかしげもなく」泣き出す。


ビショップ夫人はいまや我を忘れて泣きじゃくっていた。

「なんてことでしょう」と夫人はむせび泣きながら言った。「こんなに長いことお仕えしたのに。私は十八年もここにいたんですよ。本当に、あっという間でしたけれども」(第四章)

その後、落ち着きを取り戻したビショップ夫人は、エリナーから、主人の形見に、何でも好きなものを持っていってもよいと言われる。

「まあ、エリナーお嬢様なんてご親切なんでしょう。本当に何かいただいてよろしいのなら……」

ビショップ夫人が口ごもったので、エリナーは「ええ、もちろんよ」と促した。

「前から応接間の書き物机を、とてもいいと思ってたんですよ。とっても素敵ですよね」

エリナーはそれがいささかけばけばしい寄せ木細工をはめ込んだものであることを思い出し、急いで言った。

「ええ、もちろん結構よビショップさん。他に何か?」

「いえお嬢様、めっそうもない。それで十分でございます」

（第七章）

ここではハウスキーパーの、「威厳」「主人を溺愛」といったイメージにさらに、ワーキング・クラス出身者であるために趣味が洗練されていない、という要素が加わり、少々意地悪く描写されているのである。

ハウスキーパーは主人だけでなく、その家に対しても、自分のもののように強い愛情を抱くというイメージも強い。じっさい、大きな家では、屋敷や庭園を見に来る観光客の案内をするのは通常、ハウスキーパーの仕事だった。「カントリー・ハウス」と呼ばれる、貴族や大地主の大きな屋敷や庭園を、その家の主人とまったく面識のない人びとが見せてもらうという習慣は、十八世紀にはすでに定着していた。もちろんこの場合、それらの「観光客」は、ハウスキーパーが見て「紳士淑女」と判断した人びとに限っていた。現代のイギリスでは、入場料をとって自分たちが暮らしている屋敷の一部や庭を公開し、土産物店やレストランまで開いて、ビジネスとしているカントリー・ハウスのオーナーが多いが、もとはこのように、いわば好意（誇示の要素があるのももちろんだが）で自分の家の建築や調度品を他人に見せる習慣から始まったのである。

屋敷や庭園と同じくらい、案内役を務めるハウスキーパーが名声を得た場合もあった。たとえばイギリスのダービシャーにあるケドレストン・ホールは、一七五九年にサー・ナサニエル・カーゾン（のちのスカースデール男爵）によって建てられたが、当時のハウスキーパーのガーネット夫人は、屋敷の案内役として優れていたことが、ジェイムズ・ボズウェルの『サミュエル・ジョンソン伝』に記録されている。「良い身なりをした年配の、きわめて明瞭な話し方をするハウスキーパーが家を案内してくれた。」さらに、「印刷されたカタログがあり、ハウスキーパーが一部手渡してくれたので、後で読もうと思う」と記述されているが、現在でも一般に公開されているケドレストン・ホールには、そのカタログを手に持っているガーネット夫人の肖像画が飾られている。ただし、ガーネット夫人がここまで有名になったのも、あまりにもガイドとしてお粗末なハウスキーパーも多かったからだろう。エスター・モイアの『イギリスの発見——一五四〇年から一八四〇年までのイギリスの観光客』によると、当時は「ほとんどの観光客が、使用人は無知で生意気で、ハウスキーパーもなんとも見栄っ張りで信頼できないことばかり言っていたと非難した」と書いている（第六章、六〇ページ）。見物客に聞かれて答えられないことがあると、知らないと言いたくないので口からでまかせを言い、主人の家族の社会的地位を誇示するためにでたらめな歴史を言うようなハウスキーパーがいるなかで、正しい知識をすらすらと言えるハウスキーパーは注目に値する存在だったのだ。

ジェイン・オースティンの『自負と偏見』（一八一三年）でも、主人公のエリザベスがおじ夫妻と一緒に、一度求婚されて断わったダーシー氏のダービシャーの館、ペンバリーを、持ち主が留守の間に、好奇心にかられて見に行っている。そして予定よりも早く帰宅したダーシーとエリザベスが偶然再会するという、物語の中でも重要な場面があるのだが、ここでも、エリザベスとダーシーが知り合いだということをまったく知らないハウスキーパーが家の中を案内する。部屋の調度品や、壁にかかっている絵についても、誇りをもって説明し、主人のダーシーをほめ上げるのである。また、同じ作者の『マンスフィールド・パーク』（一八一四年）では、主人公のファニーとそのいとこや友人たちが、いとこのひとりマライアの婚約者であるラッシュワス氏の、屋敷と庭園を見に行くというエピソードがある。そこで一行を迎えるのはラッシュワス氏の母親であり、さすがに息子の婚約者の一行に家を見せるのには、ハウスキーパーに任せずに自らガイド役をかってでる。

一行はテーブルから立つと、ラッシュワス夫人に連れられて、いくつかの部屋を見て回った。

どれも天井が高く、大半は広かった。内装は五十年前のスタイルで、床はぴかぴかに磨かれ、重厚なマホガニー、豪華なダマスク織りの布地に、大理石が使われ、金箔や彫り物が施されていた。絵画が沢山あり、そのうちのいくつかは価値のあるものだったが、大部分は家族代々の肖像画であり、これに価値を見出せるのはラッシュワス夫人だけだった。なにしろ夫人は苦労してひとつひとつの肖像画が誰のものであるかをハウスキーパーから学んで頭に叩き込み、その甲斐あって、いまやハウスキーパーに劣らず家の中を案内できるようになっていたのだから。

（第一巻、第九章）

このように、ハウスキーパーのほうが、家の主人よりも屋敷の調度品や建築について詳しい知識を持っていることさえあった。これらのハウスキーパーは、死んでからも主人の家を離れたがらなかったらしい。イギリスの古いカントリー・ハウスには幽霊がつきものだが、これらの幽霊の多くはハウスキーパーだ。

幽霊になるだけの理由があるハウスキーパーもいた。上流階級の家族や邸宅にまつわる逸話や伝説を集めた、『上流の一万人の人々の逸話』（一八六七年）の著者、グラントリー・F・バークリーはその著書の中で、スコットランドのエディンバラにあるグレイグルック城という邸宅のハウスキーパーだった、ヘレン・ベルという人物の逸話を書いている。彼女には親しい男性の友人が二人い

観光客：その壺はずいぶん昔からこの屋敷にあったものですか？
年老いたハウスキーパー：ええ、そうです。長いことずっと。
観光客：つまり、家宝ということですな。
ハウスキーパー：いいえ、カホウではなくて、ドレスデンですわ。〔「家宝」という言葉の意味がわからないハウスキーパー〕
（『ファン』1876年4月26日）

た。二人とも自分に気があるのだと思い、主人の留守中に家に招いて、手厚くもてなしたりしていたが、実は彼らは強盗を企んでいたのである。ある朝、使いに出ていて城に帰る途中の彼女を二人は待ち伏せし、偶然を装って、城まで送っていくと申し出た。親切に気をよくしたベルは、彼らに荷物を持たせ、城の鍵一式まで預けてしまう。城に到着すると二人はベルを殴り殺し、鍵を持って城に侵入した。結局二人の男は捕まって処刑されるのだが、哀れなヘレン・ベルの幽霊はそれ以来ずっと城の中をさまよっているということだった。

しかし、幽霊になって屋敷をさまようのは、このような不幸なハウスキーパーだけではなかった。バークリーは次のように書いている。

私が集めた幽霊に関する伝説のなかでも、もっとも休むことなくさまようのは、死んだハウスキーパーの霊であるようだ。殺されていてもいなくても、幸せでも不幸せでも、屋敷の夜を恐怖で包み、絨毯で覆われた部屋や階段を恐ろしい場所にするのは必ず、年老いたハウスキーパーなのである。けっして若くて美しいハウスキーパーでもなければ、いま風の装いをしているハウスキーパーでもない。執事の霊はめったに出ないし、私が知る限りでは、お仕着せを着た下男の霊はまったく出ていない。

（『上流の一万人の人々の逸話』、第一巻、第四章）

同じく使用人を統括して主人の信頼を得ている存在でありながら、ハウスキーパーのほうがより感情的で、主人やその家族、そして屋敷に、強い愛着と執着を抱く存在なのである。このように、ハウスキーパーのイメージには、伝統的に女性につきものとされるイメージが重ねあわされている。

一方、冒頭で述べた、小規模の紳士の家に勤めるハウスキーパーには、同じ「女性のイメージ」でも、母性本能、優しさ、世話好きといった、ポジティヴなイメージが見られることが多い。たいていの場合、こういった小規模の家では主人はそう若くなく、独身かやもめであり、ハウスキーパーが主婦の代わりとなって、家のことを取りしきり、主人の世話もやくという役を果たしている。この場合のハウスキーパーは、しばしば優しい、母親のような存在として描かれる。たとえばチャールズ・ディケンズの『オリヴァー・トゥイスト』（一八三八年）では、オリヴァーを引きとったブラウンロー氏のハウスキーパー、ベドウィン夫人は、オリヴァーの純真さに打たれて涙を流し、自分の子供のように可愛がり、オリヴァーがブラウンロー氏のお金を盗んで逃げたという疑いをかけられても（本当は泥棒の一味にさらわれたのだが）、「オリヴァーがそんなことをするわけない」と、怒って主人に反論する。彼女がここまでオリヴァーを信用するのには、特に根拠があるわけではない。オリヴァーを一目で気に入り、彼が泥棒だと信じたくないのは、ブラウンロー氏も同じである。

しかし、現にオリヴァーが高価な本とお金を預けられたまま戻って来ないうえに、オリヴァーが逃げ出した救貧院の教区吏員が悪口を吹き込むので、疑いを持ってしまう。一方、ベドウィン夫人は、「私は子供のことをよく知っている」と主張する。ハウスキーパーの母性本能がここで強調されているのである。

また、ミュージカル『マイ・フェア・レディ』の原作であるバーナード・ショーの『ピグマリオン』（一九一二年）では（この作品がミュージカルの原作として知られていることを知ったらショーはさぞかし激怒するだろうが）、わがままで自分勝手な独身の音声学者ヘンリー・ヒギンズの家を取りしきるハウスキーパーのピアス夫人は、ヒギンズが花売り娘のイライザを家に住み込ませて、上流階級の英語の特訓をすると聞くや、「きちんと後のことを考えてください」と、主人に対して抗議する。ヒギンズは友人との賭けにのって、まったくの思いつきで、あるワーキング・クラスの娘の英語の発音をアッパー・クラスの発音に変えることに夢中になり、その娘が、発音だけがアッパー・クラスになった場合どうなるのかといったことを、無責任にもいっさい考えない。見知らぬ娘を独身男性の家に住み込ませることの不適切さだけでなく、娘のその後まで心配するのはハウスキーパーのピアス夫人なのである。じっさい、こういったハウスキーパーは主人を思うあまり、執事ならば立ち入らないような、主人の生活や信条にまでいちいち口を出すというイメージが強い。イギリスの紳士は、子供のころは乳母に育てられ、その後は男性だけの寄宿学校（パブリック・スクール）に送られる結果、同じ階級の女性と接するのが苦手で、安心できる女性は、乳母やハウスキーパーなど年配の使用人だと言われることがある。こうした紳士についているハウスキーパーは、彼らの家の管理だけでなく、伴侶、そして母親の役まで果たすのである。

このように、大きな屋敷のハウスキーパーも、小規模な家のハウスキーパーも、それぞれの役割に違いがありながら、主人との精神的な絆が強く、良くも悪くも、主人をひたすら思い、献身的につくすという存在として描かれるのである。

実在のハウスキーパーで、主人に献身的なあまり、その生活全般に対して影響力を持ちすぎると批判された女性がいた。詩人でのちに牧師となったエドワード・ヤング（一六八一～一七六五）のハウスキーパーを務めていたメアリー・ハロウズである。ハロウズ夫人（独身だったが、ハウスキーパーの敬称としてミセスと呼ばれていた）は、やもめだったヤングの生活に干渉し、息子との不仲の原因を作ったという噂も流れたが、これは、ヤングのもとで副牧師をしていたジョン・キッジェルという人物がわざと流した中傷であるとも言われている。キッジェルに関しては詳しいことは知られていないが、一七五五年に『カード』という小説を発表した人物と同一だと思われる。この小説の中でキッジェルは、ヤングとハロウズ夫人のパロディとして、エルウェス博士という牧師と、そのハウスキーパー、ファスビー夫人を登場させている。ファスビー夫人は「巧みにエルウェス博士に取り入り、博士の気質ときまぐれを熟知しているので、いかに博士を自分の思うとおりにさせるかを承知していた。」（第一巻、第九章）ある日、エルウェス博士に来客があり、二人が話の内容を人に聞かれないようにと庭に出て話しているのを見て、「カナリアが籠から逃げ出して猫に狙われそうだ」と騒ぎたてる。二人の紳士があわてて屋内に戻ってくると、お礼にココアを差し入れ、二人がそれを飲みながら部屋の中で話の続きを始めるのを見届けてから、隣の部屋に入り、「時とともに自然にできた」壁の穴から、二人の会話を盗み聞く。夫人が聞いた話の内容は、博士が知り合いの貴族の息子の家庭教師として、ヨーロッパ大陸に旅行に出かけるということだった。夫人は激怒して抗議するが、主人が聞かないので、「かなりの容量と寸法のコニャックの樽」に慰めを見いだすのである。ファスビー夫人はこのように、横暴で飲酒癖のある人物として書かれているが、じっさいのハロウズ夫人はきわめてまともで、立派なハウスキーパーだったようだ。そもそもハロウズ夫人は使用人の階級を上り詰めた類のハウスキーパーではなく、ヤングの友人の牧師の娘で、すでに七十歳近かったヤングの家を、代わりに取りしきる役割を担っていただけであった。この意味では、前に挙げたオースティンや、ディケンズのエスター・サマーソンのような存在だったが、キッジェルは、あえてその役割に目をつけ、本来は使用人でありながら主人の全生活に干渉するという、滑稽だがかなり悪質なハウスキーパー像を作り上げたのであった。そもそもなぜキッジェルがこの作品でハロウズ夫人をこのように揶揄したのかは不明だが、嫉妬がからんでいるとも言われていた。『カード』という作品そのものは、若い上流階級の子息が勉強のためにヨーロッパ大陸に送られ、そこでさまざまな冒険に遭遇するというピカレスク小説だが、現在ではほとんど読まれていない。

二十世紀に入ると、さらに別のタイプのハウスキーパーが多くなってくる。小規模のミドル・クラスの家庭で、料理人とメイドを兼ねて家事をひとりでこなす使用人である。モニカ・ディケンズはチャールズ・ディケンズのひ孫で、自分はアッパー・ミドル・クラスのお嬢さんでありながら、好奇心から使用人として勤める体験をして、その体験記『なんとかしなくちゃ』（一九三九年）を書いた。彼女が使用人として雇われたのはおもにロンドンの、夫婦あるいは独身の小規模の家庭で、ひとりで料理と家事を任されていた。当時はこのタイプの使用人はクック・ジェネラルと呼ばれていたが、現在ではハウスキーパーという呼び名のほうが一般的になっている。戦後、イギリスにおいて使用人の数が激減し、昔のタイプのハウスキーパーがいなくなって、混同することがなくなったからだろう。現在のハウスキーパーは裕福な家か共働きの家に雇われているが、外国人が多い。文化や言葉が違って雇い主は苦労するので、イギリス人のハウスキーパーは重宝されるようだ。最近では、「買い物中毒」シリーズで人気のイギリスの作家、ソフィー・キンセラが、有能だが家事がいっさいできない女性の弁護士サマンサが、仕事のミスが原因でハウスキーパーの職に就くという、『家庭的ではない女神』（二〇〇五年）という小説を書いているが、サマンサが雇われた一番の理由は、彼女がイギリス人だったからだ。

「あなた、英語がとても上手ね」とガイガー夫人は私を注意深く、値踏みするように見ながら言った。

「あら」と私はびっくりして言った。「ええ、そうですね。私はイギリス人なので……だからだと思います。」

「あなた、イギリス人ですって？」トリッシュ・ガイガーは興奮して言った。「まあ、どうぞ座ってちょうだい」

こうして面接を受けたサマンサは採用され、その日にさっそくその家に住み込むことになり、床につくと、新しい主人のトリッシュが電話で友人に自慢するのを聞く。

「その人、イギリス人なのよ」とトリッシュは勝ち誇ったように言っていた。

「英語も完璧に話すのよ！」

このタイプのハウスキーパーは若くて有能で、ビジネスライクである。現代の「ナニー」と同じく、正式な家事の訓練を受けていたり、資格を持っていたりする。昔の「恐ろしい」、あるいは「お節介な」ハウスキーパーはフィクションの世界にしか存在しなくなっているのである。

第3章　料理人――「きまぐれ」が歓迎されるポスト

彼は肉を焼いて、煮て、揚げることができたし
シチューも作れば、パイも上手に焼き上げた。
ただ、私にとって、きわめて残念だったのは、
すねに膿みがあったことだ。
というのも、彼は極上の鶏料理を作ることができたのだから。

（ジェフリー・チョーサー『カンタベリー物語』序章）

すばらしい料理を作れても、作る者の見栄えが今ひとつぱっとしないどころか、右の引用のようにいささか不快であるといったミスマッチは、チョーサーに限らず、また、洋の東西を問わず、繰

り返されるテーマである。しかし、イギリスの場合は、ここでまた階級の要素が入ってくる。

ビートン夫人の『家政書』には、前にも挙げたように、きわめてぜいたくな、手のこんだ料理のレシピが並べられている。ビートン夫人だけでなく、当時多く書かれていた「使用人の手引き」を見ると、料理人は、最上の材料をふんだんに使った、手間と時間のかかる料理の数々を作ることを要求されるだけでなく、細部に気をつかい、繊細な味の違いに敏感であることも期待されていたのがわかる。こういった料理人がワーキング・クラス出身で、多くはキッチン・メイド（台所の下働きのメイド）あたりから始めて昇進していったことを考えると、驚くべきことである。特にキッチン・メイドは他のメイドよりもさらに仕事がきつく、容姿や手先の器用さなどではなく体力で選ばれる、メイドのなかでも地味な存在であるだけに、彼らが（もちろん全員ではないにせよ）、あれだけ手のかかる、そして優れた味覚を必要とする料理人になっていくことを考えると、なおさらである。

しかし実は、料理人が作る料理には二つの種類があった。プレイン（あっさりした）料理と、プロフェッスト（プロの、つまり手の込んだ）料理である。簡単に言えば、プレインとはイギリスの伝統的な料理、プロフェッストはフランス風の料理をさす。料理人の募集広告、あるいは料理人が職を探して新聞などに掲載する広告には、料理人に必要とされるのが、もしくは得意とするのが、どちらの種類の料理かが明記されている。もちろん、この両方ができるのが優れた料理人の条件であった。特に、使用人を何十人もかかえ、週末にはつねに泊り込みの客が自分の使用人を連れてやってくるような大きな屋敷では、プレインはもちろん、プロフェッストな料理ができる料理人は、家の体面を保つためにも絶対に必要だったのである。

したがって、良い職を得るためには、自分自身プレインな料理で育っていても、料理人は自分の舌を鍛えなければいけなくなる。これは、屋敷づとめをする前はワーキング・クラスの飲料であるビールを飲んで育っていながら、仕事柄、主人も顔負けのワインの知識と舌を持つことを要求される執事と同様である。しかし、他の使用人にはそのような義務がない。彼らは、自分たちが育ってきたプレインな料理を好み、プロフェッストは受け付けない。したがって使用人の食事には、料理人ではなくその下のアンダー・クックと呼ばれる見習いが、プレインな料理を提供するのである。

使用人の生活がいかに過酷なものであろうと、住み込みの使用人になるのが、ワーキング・クラスにとってはもっとも良い条件の仕事であった理由のひとつは、ある程度の規模の家に勤めた場合、食べ物がふんだんに与えられたことである。特に大きな屋敷では、ディナーの残り物のご馳走を、本来ならば翌日の軽食に用いられるべきところ、こっそり使用人が味見をすることはよくあったようだ。こうした、一流の料理人の作った贅沢な料理を賞味できるというのが、使用人の恩恵であるわけだが、これらの料理が実は「猫に小判」であって、使用人はどんなご馳走よりもイギリス従来のプレインな料理を好むというのが、確立したイメージになっている。

たとえば、貴族の娘で作家のナンシー・ミットフォードの小説に、『神の賜物』（一九五一年）と題された作品がある。主人公はグレイスというイギリスの貴族の娘で、フランス人の男性と結婚して息子が生まれる。その息子の世話をするのが、かつて自分を育ててくれた典型的なイギリス人のナニーなのだが、すべての点でグレイスはこのナニーに頭が上がらない。ナニーに気を使うあまり、夫との関係にも影響が生じてしまうほどである。夫婦は最初はイギリスに住んでいたのだが、戦争（第二次世界大戦）が終わると、息子とナニーをつれてフランスに移住することになる。夫の家族の所有する立派な城に着き、一流の料理人が腕を振るった料理を堪能して夢心地になるグレイスだが、すぐにナニーによって現実に引き戻される。ナニーと幼い息子は当然、大人と一緒ではなく子供部屋で食事をするのだが、それがまったく口にあわなかったとナニーは不満を爆発させる。

「あれから何も食べられませんでしたよ。まったく一口も。次から次と、嫌な脂っこいもので、にんにくの臭いがぷんぷんして。お肉はたしかに一か月の配給分はあったけれども、ほとんど生でしたよ。本当にもったいない。ジギ〔グレイスの息子の名、ジギムンドの愛称〕に食べさせるどころか、私も一口もいただきませんでした。」

「チーズは肥やしに入っていたんだってナニーが言っていたよ」と、ジギは、目を丸くして口をはさんだ。

「ええ、本当にお母様にも臭いをかいでもらいたかったですよ。ひどいものでしたから。藁がまだくっついていて。どうやって作ったのか、考えてしまいますよね。とにかく、私たちはバターのついたパンと、クリスピンさんがくださったロック・ケーキをたまたま持っていたから、それをいただきましたよ。ちゃんとした食事ではないでしょう。パンもここのはおかしなものですよ。皮が固くて穴だらけで。あれでどうやって、しっとりしたトーストを作れって言うんでしょうね。可愛そうに、おなかがすいちゃったわよね。でも、もうだいじょうぶよ、お母様がこれから台所に行って、冷たいハムかチキンがもらえるように頼んでくれますよ。何かあっさりした（プレインな）ものをね。あのいやらしい、脂っこいドレッシングのついていない、トマトと粉をふいたジャガイモね。そうでしょう?」

本格的なフランスパンも、熟成したチーズも、ナニーにとっては「おかしなもの」でしかない。しかも、自分が食べないだけでなく、たとえ子供の両親が与えようとしても、子供にも一口も食べさせないと、断固とした態度を崩さないのである。

あのナニーの鑑、メアリー・ポピンズも、こうしたプレインな食べ物が好物である。

「雪のにおいがするわ」と、バスから降りるとジェインが言った。

「クリスマス・ツリーのにおいがするよ」とマイケルが言った。
「揚げた魚のにおいがしますね」とメアリー・ポピンズが言った。

（P・L・トラヴァーズ『風に乗ってきたメアリー・ポピンズ』第十一章「クリスマスの買い物」）

「揚げた魚」とは、「イギリス料理の代表」と皮肉られる「フィッシュ・アンド・チップス」の「フィッシュ」のことである。タラやカレイを揚げて、ポテトフライ（イギリスでは chips と呼ばれる。日本やアメリカで potato chips と呼ぶものは、イギリスでは crisps）を添えて食べる、きわめてシンプルな食事であり、味もろくについていないので、自分で塩をふって食べる。ワーキング・クラスの人々はさらにこれにお酢を大量にかける習慣がある。メアリー・ポピンズの好物はしたがって、出身階級がワーキング・クラスであるナニーの、典型的なものなのである。

ナニーのこのような嗜好は当然、子供たちにも伝わる。したがって、アッパー・クラスやアッパー・ミドル・クラスの子供たちのとる食事や、好む食べ物は、ワーキング・クラスとかなり似かよってくるのである。特に、十九世紀の後半に広く普及するようになった魚や果物の缶詰は、伝統的にロウワー・ミドル・クラスやワーキング・クラスの人々の好物とみなされているが、それはまた、アッパー・クラスやアッパー・ミドル・クラスの子供たちの好物だというステレオタイプも存在した。

新鮮な魚やパイナップルなどの異国の果物は高価で、ロウワー・ミドル・クラスやワーキング・クラスの食卓には届かない。したがって、これらの食べ物が缶詰として大量生産され、安い値段で手に入るようになったときに、彼らがそれを喜んで食べたのは自然なことだが、アッパー・クラスやアッパー・ミドル・クラスの子供たちが、「缶詰が好き」というイメージがどのように形成されていったのかは興味深い。たとえナニーが彼らの食事を取りしきっていたとしても、彼らが自宅でそれを与えられていたとは考えにくい。じっさい、缶詰を好むのは、家を離れて寄宿学校に入れられた子供たちであるというのが、伝統的なイメージである。教師や寮母に見つからないように缶詰を部屋に隠していて、夜中に友達とこっそり食べるといった場面が、イギリスの「寄宿学校物語」にはしばしば描かれる。

たとえば、児童文学作家イーニッド・ブライトン（一八九七〜一九六八）が、一九四〇年代から五〇年代にかけて次々と書いた「女子寄宿学校もの」では、私立の女子寄宿学校の生徒たちが、夜中にこっそりとベッドから抜け出して「真夜中のパーティ」を開くが、そこでのご馳走は、コンデンス・ミルクやパイナップルの缶詰なのである。

　やっと食べ物を全部寝室に持ち込むと、ドアをそっと閉めた。みんなはご馳走に目をやると、とてもお腹がすいてきた。

「すごい！　ポークパイにチョコレート・ケーキ、イワシの缶詰にネスレのコンデンス・ミルク、チョコレートにペパーミント・クリーム、パイナップルの缶詰にジンジャー・エールよ！」とジャネットは声を上げた。「すごいご馳走よね。三年生がやったパーティなんかよりもきっとずっと豪勢よ。さあ、始めましょう。」

（『おちゃめなふたご』一九四一年）

缶詰に感動して声を上げるこの生徒たちは、家では当然のようにメイドがいる、アッパー・ミドル・クラスのお嬢さんたちである。この作品は戦時中の、食糧難の時代に書かれたものではあるが、ブライトンの作品には、当時の社会情勢を反映するような言及はいっさいない。したがって、この缶詰嗜好は、アッパー・クラスやアッパー・ミドル・クラスの家の子供たちが、ワーキング・クラスの好むとされている食べ物を好むのだという、一般的なイメージを反映したものなのである。子供のころにナニーの影響で、ワーキング・クラスの好むプレインな食事に慣れてしまうと、ナニーの手を離れても、缶詰のような「ワーキング・クラス的」な食べ物が好物になるということなのだろう。

ナンシー・ミットフォードと同様、アッパー・クラスの人々を描いたユーモア小説をいくつも書いているP・G・ウッドハウスの主人公、バーティ・ウースターも、自分の嗜好がいかに変わっていったかを思い起こしている。

年月を経るといかに自分が変わっていくかを考えると面白いものだ。学校にいた時には、午後五時にスクランブルド・エッグとイワシの缶詰が食べられたら、魂を売り渡してもよいと思ったものだが、成人してからは、なぜかそういう習慣はなくなっている。

（『比類なきジーヴス』第十一章「同志ビンゴ」）

ウースターはこう言っているが、イワシの缶詰は別としても、イギリスのアッパー・クラスの男性は、成人してもじつはプレインな料理を好んでいるというステレオタイプもある。なぜ男性かというと、十九世紀から二十世紀前半までは、寄宿学校に行くのはおもに男性であり、幼いころにナニーのもと子供部屋で培われた、プレインな食事を好む嗜好が、寄宿学校の質素な食事でさらに強まるからである。したがってアッパー・クラスの家でも、プロフェッストな料理だけでなくプレインな料理も得意とする料理人が重宝される。

しかし逆に、イギリスのワーキング・クラス出身の料理人には、プレインな料理はさておき、プロフェッストな料理に才能を発揮できる者はそう多くない。特にこの章の冒頭で述べたように、キッチン・メイドから始めて努力と経験によって料理人の地位を得た女性の料理人には、フランス料理を期待すること自体に無理があった。フランス料理どころか、プレインな料理さえまともに作ることができない女性の料理人が多かったようだ。

たとえば、チャールズ・ディケンズが一八五〇年から五九年まで刊行していた週刊誌『ハウスホールド・ワーズ』には「すぐれたプレイン料理の料理人」という題の記事が掲載されているが（一八五〇年五月四日号）、その中で筆者は、「すぐれたプレイン料理の料理人」などというものは非常に珍しいと嘆き、また別の週刊誌、『エグザミナー』から次のように引用している。

「一般に、プレインな料理の料理人と呼ばれる者は」と、『エグザミナー』のある寄稿者は書いている。「安い賃金で、食べ物を台無しにしてくれる料理人のことである。彼女が料理人になっている理由は、料理に関して何らかの知識があるからではなく、床を磨いたり、暖炉の火床を掃除したり、ベッドメーキングをするよりは、台所のかまどのそばにいることを好むからである。ジャガイモをゆでたり、マトンの骨付き肉を調理できたりする料理人は千人に一人もいないのだ」と。

そうなると料理人はやはり本場のフランスから雇うのが一番ということになる。食文化の面で明らかにフランスより劣っているとみなされるイギリスに、わざわざ渡ってくるフランス人の料理人を探すのはそう容易なことではないように思われるが、実はフランス革命のときに、本国から多くの料理人がイギリスに逃げてきて、大きな屋敷に雇われるようになり、「料理人はフランス人」というのが、その家の富や権力を示す事柄のひとつとなったのである。

これらの料理人はまず男性であった。そして、良い料理人が不足しているイギリスでは、金持ちの上流階級の家は高い賃金で、優れたフランスの料理人を自分のところに呼び寄せようと競い合った。一八二五年に出版されたサミュエル・アダムズ夫妻の『完璧な使用人』には、使用人の賃金の表が載っており、それによると、「地位のある田舎の紳士で、年収が一万六千ポンドから一万八千ポンドで、子供がいる場合」には、料理人の賃金は週八〇ギニー（一ギニーは一ポンド一シリング。一ポンドは二〇シリング）で、使用人のなかでも一番高く、執事よりも三〇ギニー高い。しかも他の使用人が、「ハウスキーパー」「乳母」といった役職が記されているだけなのに対して、料理人は「フランス人の男性の料理人」と明記されている。田舎の紳士の家がこうなのだから、もっと金持ちで社交にも金をかける貴族や大地主の家では、かなり高額の賃金をフランス人の料理人に対して払っていた。

そして、台所の下働きから始めて徐々にその地位を高めていったイギリスの料理人と違って、これらフランスの料理人は、きわめて情緒不安定で、感情的で、きまぐれな「芸術家」だった。彼らはちょっとしたことで機嫌を損ね、作った料理を少しでも批判されると癇癪を起こす。主人はそんな料理人に手を焼きながらも、辞表を出されると困るので、精一杯機嫌をとろうとするのである。それでなくとも一流の料理人はきわめて貴重なので、他の屋敷にとられてしまう心配がある。ウッドハウスの小説でも、優れたフランス人の料理人をめぐってさまざまな策略が練られ、陰謀が発覚し、事件に発展していく。

たとえば「ジーヴズ」のシリーズでは、主人公のウースターの「デイリアおばさん」の屋敷には、アナトールという、まさに典型的な、芸術家かたぎのフランス人の料理人が務めている。このシェフの作るフランス料理は確かに芸術品なうえ、フランス料理だけでなく伝統的なイギリス料理をも手がけることができるので、ひじょうに大事にされている。隙あらば自分のところに引き抜こうと思っている人間が多いので、雇い主はつねに気が気でない。ところがある日トラブルが起こる。この屋敷に滞在しているウースターの二人の友人は、両方とも恋の悩みをかかえており、その解決策としてウースターは彼らに、ディナーを食べないようにと提案する。そうすれば、それぞれの恋の相手の女性が、彼らがいかに食欲がないかに気づいて同情してくれるというのがねらいだった。さらに、夫に金を無心しなければならなくて迷っているデイリアおばさんにも、同じ計画を勧める。最初は喜んで同意するデイリアおばさんだが、その計画が思わぬ結果をもたらすことになる。自分が作った食事が残されるのを見てショックを受けたアナトールが辞表を出したのである。

僕は卒倒しそうになった。

「なんだって？」

「辞表を出したのよ。あなたのとんでもない計画のせいよ。皆に食事を残すように勧めてまわっていたら、繊細で神経質なフランス人の料理人はどうすると思っているの？　最初の二つのコースがほとんど手をつけられずに台所に戻されたときには、彼はひどく傷ついて、子供のように泣き崩れたそうよ。その後のコースも残されているのを見たときには、これはあらかじめ丹念に計画された侮辱だと考えて、辞表を提出することにしたのよ。」

（『よしきた、ジーヴス』第十一章）

デイリアおばさんの必死の説得の結果、辞表は引っ込められるが、その後またもやアナトールの機嫌を損ねることが起こる。いまだにショックで寝込んでいる料理人の部屋の天窓から、誰かが入ろうとしたのである。これにはいろいろ複雑な事情があって、ここでは説明を避けるが、またもやアナトールをなだめようと、ウースターや執事のセッピングズとともに部屋にやってきたデイリアおばさんに対して、アナトールはフランス語と英語を混ぜてどなり散らす。普段はアッパー・クラスの大きな屋敷の女主人として、周囲を震え上がらせるデイリアおばさんが、何を言われてもおとなしく聞いているだけでなく、「まるでキジバトが連れ合いを呼んでいるような」優しい声で、「ムッシュー・アナトール、落ち着いてください」と懇願するのである。

フランス人の料理人がこのように感情の起伏が激しくて、神経質なのは、たんに国民性だけではない。これらの料理人は、自分たちをたんなる使用人ではなく、芸術品のような料理を生み出す「芸術家」だとみなしていたのである。したがって、自分の料理について他人に干渉されるのは我慢がならないし、また、自分の料理の良さのわからない人間には愛想をつかし、すぐに職場を移ってしまった。現代のいわゆる「セレブリティ・シェフ」の走りだったのである。

イギリスにおけるフランス人のセレブリティ・シェフとしては、ジョージ四世が皇太子だったころにシェフを務めたマリー・アントワーヌ・カレーム（一七八四～一八三三）や、ルイ・ユスタッシュ・ユード（？～一八四六）などがいる。特にユードは、すぐにかんしゃくをおこし、きまぐれで「芸術家気質」をふんだんに備えていることで有名だった。またほかにも、ヴィクトリア朝のイギリスできわめて高い名声を得ただけでなく、貧しい人のための無料の食料の提供や、クリミア戦争の戦地で兵士のために栄養のバランスの良い料理を提供するなど、社会活動にも力を注いだ、アレクシス・ソワイエ（一八一〇～五八）などは、その幅広い活動やPR活動の巧みさなどからも、セレブリティ・シェフとの共通点が多く見られる。

ソワイエはフランスのワーキング・クラスの家庭に生まれ、パリのレストランでシェフをしていた兄の世話で、十一歳のときパリの別のレストランに見習いとして入り、修行を始めた。兄はその後イギリスに渡り、ジョージ三世の息子のケンブリッジ公爵の家でシェフとして働いていたが、ソワイエはまたもや兄の後を追って、一八三一年に渡英し、兄と同じ家で料理人としての職についた。社交的で人好きなソワイエは、ロンドンですぐに交友関係を広げ、夜ごと飲み歩くだけでなく、いわゆる「プレイン」なイギリス料理を食べ歩いたという。ウッドハウスの小説の中のアナトールのように、「プレイン」にも「プロフェッスト」にも長けたフランス人の料理人は、まさに宝であった。ソワイエはすぐに裕福な大地主、ウィリアム・ロイドに引き抜かれてその家の料理長となり、雇い主のロイドは、ディナーに招かれた客の羨望の的となった。こうしてソワイエはまだ二十代の前半に、イギリスにおけるセレブリティになるのである。

セレブリティとしてのソワイエは、特殊な地位を与えられた。雇い主の階級に属していないのは明らかだったが、まったくの使用人というわけでもなかったのである。すぐに名前を覚えられたし、アストン・ホール〔ロイドの邸宅の名〕を訪れる客はかならず厨房まで出かけていき、彼とおしゃべりして、才能を褒め、ちょうどそのときに試している新しい料理の味見をさせてもらい、またはお気に入りの料理のレシピをねだった。当時、そして現代の多くのシェフと違って、ソワイエはいつも快く自分のレシピを提供した。都会での名声によってソワイエは社会的に、真ん中の階級に位置しただけではない。彼の会話、ロンドンの大邸宅での経験談、そして異国性によって、ソワイエは他の家から、ディナーの監督のためだけでなく、できあがったのちには客と一緒にテーブルにつくようにも招かれたのである。

（ルース・コーウェン『美味――ヴィクトリア朝のセレブリティ・シェフ、アレクシス・ソワイエの奇異な生涯』第二章、二五ページ）

ソワイエはのちにロイド家を出て、ロンドンの社交クラブのシェフになったり、また一八五一年のロンドン万博のときには、万博会場の真向かいに、きわめて豪勢で内装に趣向をこらしたレストランを開くなどして（これは赤字に終わったが）、つねに注目の的となっていた。きちんとした教育を受けていなかったので、英語はおろかフランス語も正確に書くことができなかったが、それでもイギリスで料理の本をいくつか出版している。

ソワイエのようなセレブリティ・シェフの存在によって、（フランス人男性の）料理人＝芸術家というイメージは確立していったが、料理人の「芸術家かたぎ」というイメージそのものは、芸術品とはほど遠いような、「プレイン」な料理しか作れない料理人にもまとわりつくようになる。そもそも、台所に閉じこもって火と熱にあおられ、二、三時間のうちに何コースものディナーを提供しなければならないプレッシャーにさらされている料理人は、フランス人でなくとも、感情的で、かんしゃくを起こしやすくなっていく。また、酒の管理をする執事と同様、料理人もまた伝統的に酒を盗み飲みするせいで、ますます感情の起伏が激しくなる。そういうわけで、「芸術家気質」の料理人のイメージは、小規模の家に勤めるイギリス人女性の料理人の場合にも、より緩和されたかたちであるが、見ることができるのである。

イギリスの田舎の村の生活を淡々と綴った「ミス・リード」という作家の小説のひとつに、次のようなくだりがある。大きなお屋敷に勤めた経験のあるブラウン夫人が、その屋敷の料理人について、友人に話して聞かせるところだ。

「マーチリーズ荘に勤めていたときには、すばらしい料理人がいたわよ。ずいぶんな気分屋の女だったけれどね。すぐ怒ったりさめたりしてさ。にこにこ笑っていると思ったら、次の瞬間は顔を真っ赤にして怒ってね。まあ、そのすじでは芸術家だったわけよ。」

(『スラッシュ・グリーン村の仲間たち』一九九〇年、十四章)

ブラウン夫人はその屋敷では下働きのメイドだったようだが、自分の勤める屋敷の料理人が気分屋だったことを誇らしげに語っている。普通は使用人にとって、一緒に働く者の機嫌がすぐに良くなったり悪くなったりするなど、大いに迷惑なことでしかない。しかし、料理人に関してだけは、たとえそれがたんに本当のきまぐれだったとしても、「優れた料理人特有の芸術家気質」として、他の使用人に尊敬さえされるのである。

料理人に絶大な権力があるのは、しかし、セレブリティ・シェフの影響の結果だけではない。一家とその使用人の食事の全責任を任されている料理人は昔から、ハウスキーパーと同じく、恐ろしい存在として知られているし、もっと小規模なアッパー・ミドル・クラスの家では、料理人はたいていイギリス人の女性だが、女主人に対して持つ力は、アッパー・クラスの屋敷のフランス人の料理人に劣らない。こうした料理人は、大きな屋敷でフランス人の料理人の下でキッチン・メイドを務めた経験から、そういった料理人の「芸術家気質」を真似るようになったのかもしれない。

エリック・ホーンは、その回顧録『続・執事が見て見ぬふりをしたこと』で、料理人について、こう述べている。

使用人のなかで本当に恐ろしい人間がいるとしたら、それはたいてい料理人だ。あの熱気の中に暮らしているから（いつも燃えている炎の近くにいて）、機嫌が悪いのかもしれない。しかし実はそれよりも、何か問題があったら、くびになるのは料理人ではないとわかっているからだろう（腕がよい女であれば、だが）。紳士淑女の方々はおいしいお料理がお好きだからね。ご主人様がたが料理人の自慢をしているのをよく聞くが、ご自分の執事や下男の自慢をしているのを聞いたことがあるかい！

（第九章、一二四～一二五ページ）

しかし、特にこれら小規模な家の料理人が、女主人に対して強い態度をとれる一番の理由は、戦前までは、アッパー・クラスだけでなくアッパー・ミドル・クラスの女性も、まったくと言ってよいほど料理ができなかったからである。

……それから、沸いたお湯をやかんからポットに注ぐ……と。

じっさい、料理ができないのは、ひとつのステータス・シンボルでもあった。風刺画家ポント（本名グレアム・レイドラー、一九〇八～四〇）は、一九三八年に出版した『イギリス人の性格』という一コマ漫画集で、特にアッパー・ミドル・クラスの人々を風刺している。その中に、「次に、ティーポットに、沸いたお湯をそそぐ」と書いてある料理の本を片手に、もう片方の手でやかんを持って、真剣な面持ちで紅茶を入れようとしている女性を描いた漫画がある。こういった女性たちにとって、料理人が暇をとるというのは、きわめてゆゆしき事柄だった。

アガサ・クリスティの短編「料理人の失踪」（『教会で死んだ男』所収）では、あの偉大なポワロのもとを、「失踪した料理人を探してくれ」とひとりの女性が訪れる。しかもその料理人とは、大きな屋敷の有名なフランス人シェフなどではなく、ロンドン郊外のクラッパムの、普通のミドル・クラスの家の女性料理人なのである。しかし依頼人の主婦にとっては、よい料理人を失うというのは、たいへんな災いであり、名探偵に多額の謝金を払っても解決してほしい事件なのだ。

また、執事もハウスキーパーもいない小規模のアッパー・ミドル・クラスの家では、料理人が使用人頭の役割を兼ね、メイドや庭師などの監督をしている場合が多かった。料理人がやめると、つられてメイドもやめることもしばしばあったし、また、メイドが気に入らないからといってやめる料理人もいた。特に料理人が嫌ったのは、子供の多い家だったようだ。これは別に彼らが子供の世話をさせられるわけではなく、子供のために、大人とは別の食事をつくらなければならない手間を嫌ったためだった。じっさい、こういった小規模の家では、ナニーと料理人は、子供の食事をめぐって敵対関係になることが多かったのである。自分では子育ても料理もできないアッパー・ミドル・クラスの女主人が、この二人の使用人のあいだにはさまれて右往左往する姿が、小説や児童文学にはよく描かれている。モニカ・ディケンズが料理人として大きな屋敷に勤めていたときに、一番の「敵」だったのは、やはりその家のナニーだった。主人一家とその客、子供部屋と使用人の朝食を用意するのにてんやわんやのモニカのもとにナニーがやってきて、子供たちの朝食にはトマトを炒めたものを出すように注文する。

「トマトはできません、まだ届いていませんから。」

「まあ、それは困ったわね。何を作っているの？　ソーセージ？　育ち盛りの子供にソーセージはあまりよくないのよね。」

彼女は学校で訓練を受けたタイプの乳母で、食べ物の栄養についての理論で頭がいっぱいだった。私は、ソーセージはビタミンA、B、CとDが全部入っていることで有名なのだと言って彼女を追い払い、相手は大きく舌打ちをすると、怒りくるって出て行った。

（『なんとかしなくちゃ』第九章）

恐ろしい乳母とのバトルにおいても、最終的には料理人が勝利を収めるのである。ウッドハウスの小説には、料理人が暇をとるのを恐れるあまり、料理人と結婚するアッパー・クラスの男性まで登場する。『比類なきジーヴズ』の中の、ウースターの友人、ビンゴ・リトルの独身のおじは、きわめて腕の良い女性の料理人を雇っている。経済的におじに頼り切っているビンゴに頼まれて、ウースターは、ビンゴのためにおじのご機嫌をとり、彼の家に昼食に招かれる。食事はたいへん美味であり、おじはさっそく料理人の自慢を始める。

「彼女はもう七年も私のために料理をしてくれているのですが、その間一度だって、あの高い水準から外れたことはありません。ただし、細部にこだわる者だったら、ただ一度、一九一七年の冬に、彼女の作ったマヨネーズが、充分にこってりしていないと指摘したかもしれません。しかしあのときは仕方がなかったのです。何度か空襲があって、かわいそうに、神経質になっていたのでしょう。しかしウースターさん、この世はままならないものですな。私にも苦労はありました。七年もの間私は、邪悪な人間に彼女を奪われてしまうのではないかとつねに恐れてきました。はっきりわかっているだけでも、賃金を上げるから移ってこないかという申し出を何度かされています。そしてウースターさん、恐れてきたことが、なんと今日の朝に起こったのです。彼女が辞表を出しました！」

「なんてことを！」

……

「しかし幸いなことに最悪の状態は避けることができましたよ。実にうまく解決しました。ジェインはここにとどまることになりました。」

（『比類なきジーヴス』第二章「ビンゴがためにウエディングベルは鳴らず」）

まあ奥様！　私が前にお勤めしていたところでは、奥様は私の台所に入ってくる前に必ずノックしてくださいましたけどね！　（『パンチ』1853年1月・2月）

長らく恐れていた最悪の事態を避けるための解決法として、リトル氏は料理人に求婚し、受け入れられたのである。とはいえ、いくら優れた料理人であっても、このような身分違いの結婚にリトル氏が踏み切ったのは、甥のビンゴに身分違いの恋愛を扱った大衆小説を次から次へと読んで聞かされ、すっかり影響を受けてしまったからだった。しかもビンゴがそんなことをしたのは、彼自身が安食堂のウェイトレスにほれ込んでしまい、経済的に頼っているおじの許可を得ようとした根回しなのである。身分違いの恋、特に若い主人とその家の使用人である若いメイドとのあいだの、きちんとした結婚で終わる「純粋な」恋愛は、二十世紀前半の大衆小説に人気のテーマであり、若い女性の使用人が好んで読んでいたものだった。現実にはまず起こらないロマンスとして人気があったのだが、起こりうるとしたら、若いメイドの美しさではなく経験を積んだ料理人の腕によるものだという、ウッドハウスの皮肉なユーモアがここに表われている。結婚まではいかなくても、キッチン・メイドから始まったワーキング・クラスの女性がこうして、主人を支配する存在になることも可能だったのである。

また、アンジェラ・カーターの作品に「キッチン・チャイルド」という短編がある。大きな家の料理人の息子である主人公が語り手で、母親が仕えるイギリス人の主人夫婦がいかに洗練された味覚に欠けているかを強調する。母親はイギリスのヨークシャー生まれのワーキング・クラス出身の

女主人：今月いっぱいで暇がほしいですって、いったい何が気に入らないというの？
料理人：だって奥様、昨日ご主人様が亀のスープの缶詰を買っていらしたんですよ。缶詰なんて食卓に出すようなところに私はいられませんから。
（『ファン』1872年3月4日）

料理人なのだが、料理人としては天性の才能がある。しかし彼女の料理も、雇い主にとっては「豚に真珠」なのである。母親が料理人としての腕を十分に発揮できる唯一の機会は、主人夫婦の客として招かれたフランスの公爵が夕食にスフレを所望したときだった。張り切ってスフレを用意する料理人の腰を誰かが後ろから摑んでくる。最初は他の使用人の悪ふざけだと、とりあわない料理人だが、スフレが無事にオーブンに収まると、「もうどうにでもなれ」とやけになって、その男性に身を任せる。その結果生まれたのが語り手なのである。「でも母ちゃん！」と語り手は母親に尋ねる。「その男は誰だったの？」ところが、スフレが無事に膨らむか気になってしょうがなく、相手が誰だか確かめることも忘れていたのだった。スフレはみごとに膨らむが、後ろから抱きつかれた動揺で、料理人はトウガラシを少し多めに入れすぎてしまう。そしてディナーの後、料理人の宿敵であるハウスキーパーが意気揚々と台所にやってきて、「トウガラシが多すぎると公爵様はおっしゃって、中身を暖炉に捨てたわよ」と言う。このハウスキーパーは上品ぶった言葉を話すだけでなく、つねにしゃっくりをしている。つまり飲酒癖のある、偉ぶった、「悪いハウスキーパー」の典型なのである。

こうして台所で生を授かった語り手は、台所で育っていく。そしてある日、例のフランスの公爵が再び客として訪れる。あの日自分に抱きついてきた男は公爵の従僕なのではないかと推測する母親は、再会をドキドキして待っているが、その従僕はすでにこの世を去っていた。語り手から事情を聞いた公爵は、大いに同情を示す。「あの時のスフレはすばらしかった。料理人によろしく言ってくれるようにハウスキーパーにことづけたんだ。あえて何かあるとしたら、次回はもう少しトウガラシが少なめでもいいのではないかと言ったがね。」意地の悪いハウスキーパーは事実を曲げて伝えていたのである。公爵はまた料理人にスフレを所望し、「亡くなった従僕の代わりに」料理人がスフレを作っているときに、後ろから忍び寄ってきて抱きつく。しかし今度は料理人は、公爵の頭を木のスプーンで思いっきり叩くのである。「なんでこんなことを？」と驚く息子に向かって母親は「またスフレをダメにしろと言うの？　この前だってたいへんだったのに」と叫ぶ。料理に対するその情熱に感銘を受けた公爵は彼女を自分の城に連れて行ってしまう。しかも料理人としてではなく、自分の妻として。ハウスキーパーは彼女の幸運を見て大いに悔しがるが、これでやっと、本物のフランス人の男性料理人が雇えると、自分を慰める。そして語り手も、イギリスでもっとも若い、イギリス人の「フランス料理人」となる。

ワーキング・クラスの女性がフランスの公爵夫人となる。おとぎ話のような作品であるが、ここでもみごとに「王子」を射止めるのは、女性の美しさではなく、料理の腕なのである。

戦後になって、家に専属の料理人を雇える家は、ごくひと握りの金持ちだけとなった。ハウスキーパーの章でも触れたクック・ジェネラルも姿を消していく。現代では、芸術家気質で絶大な力をふるう料理人は、レストラン、そしてマスコミで活躍する、セレブリティ・シェフである。日本でも名が知られているセレブリティ・シェフといえば、やはりジェイミー・オリヴァー（一九七五年生まれ）だろう。両親の経営するパブの厨房を手伝うことから料理の経験を積み、中学校を卒業して料理学校に通ったのちに、イタリアン・レストランに料理人として入り、そこから移ったロンドンのレストランで副料理長として働いているときに、BBCにスカウトされて、自分の料理番組「裸のシェフ」（一九九八〜九九）をもたされた。この番組はヒットし、その後書いた料理の本もベストセラーとなった。題名の「裸」とは料理がシンプルであることを指しているが、オリヴァーが若くて好男子であることを利用して、敢えて挑発的なタイトルにしているのは明らかである。強いワーキング・クラスのアクセントのまま、きわめてカジュアルな様子で、シンプルであるが洒落た、洗練された料理を作っているというそのスタイルは、特に若い視聴者に人気があったようだ。一方で、『スペクテイター』などイギリスの保守的な週刊誌は、オリヴァーに対して一貫して批判的な立場を保ち続けている。たとえば二〇一〇年十二月十一日号に掲載された、料理本の書評がある。ジェイミー・オリヴァーが序文の一部を書いた『エリザベス・デイヴィッドの食卓で』（ペンギン、二〇一〇年）の書評である。エリザベス・デイヴィッド（一九一三〜九二）は料理批評家で、母親は子爵の娘、本人はソルボンヌで教育を受けている、アッパー・クラスの令嬢であり、『スペクテイター』で料理コラムも担当していた。『エリザベス・デイヴィッドの食卓で』は、デイヴィッドのレシピを集めた料理本であるが、評者はこれについて、次のように書いている。

オリヴァーのような人間にデイヴィッドの功績を賞賛させ、さらに、彼女（そしてジョン・ミントン〔デイヴィッドの本の挿絵をてがけた〕）が忌み嫌ったであろう、「すばらしいカラー写真」を掲載することは、デイヴィッドの洗練された、そして辛辣な精神を中傷し、埋葬する行為である。

（フェイ・マシュラー「世界の料理の不思議」）

料理評論家のマシュラーのオリヴァーに対する否定的なコメントは、オリヴァーが派手で、目立ちたがりやで、自分を売り込むのが得意という、イギリスのアッパー・ミドル・クラスが一番嫌うタイプの人間だというところからきている。オリヴァーはその後、イギリスの学校の給食の改善に貢献したり、若い料理人を積極的に訓練したり、さまざまなかたちで社会に貢献し、二〇〇三年には勲章ももらっている。しかも、いわゆる「芸術家気質」を売り物にしているわけではまったくない。つねに感じのよい親しげなキャラクターというイメージなので、特に嫌われることをしているわけではない。それでも、このようなネガティヴな評価はなくならないのである。

前にも述べたように、オリヴァーのようなセレブリティ・シェフは、すでに十九世紀からイギリスに登場していた。しかも彼らは、腕だけでなく、その性格も「芸術家」だった。それでも受け入れられたのは、彼らが外国人だったからである。ソワイエの例でも触れたように、彼らは従来の使用人以上の報酬を与えられるだけでなく、それ以上の扱いをも受けていた。主人や客たちは、彼らと気軽に言葉を交わし、同じ食卓にさえ着いた。それは、彼らが外国人として、従来のイギリスの階級制度の中にぴったりとは収まらなかったからだった。よい料理人はきわめて大事な存在だが、しょせん使用人であり、あまり彼らを大事にしすぎて、使用人の分際を忘れさせたり主人としての自分の立場を危うくすることはしたくない。しかし相手が外国人なら、「別格」として、安心して特別扱いをすることができるのである。

一九九三年から九六年までＢＢＣで放映されていた、「シェフ！」というドラマがある。有名なフランス料理店の料理長をめぐる、シチュエーション・コメディだが、主人公のギャレス・ブラックストックは、きわめて優秀で、才能があって、傲慢で、きまぐれで、まさに「芸術家気質」のシェフの典型である。彼は外国人ではないが、黒人である。ブラックストックを演じるのはレニー・ヘンリーという俳優で、このコメディは、彼の発案から始まったものだった。有色人種が登場するそれまでのコメディと違って、「シェフ！」では、主人公が黒人であること自体は特にプロットに影響を与えているわけではない。そしてこのことが、この番組の特徴のひとつだとも言われている。しかし、一流のシェフとはいえきわめて傲慢で、キッチンのスタッフだけでなく客にさえも、ときにはかなり無礼な態度をとるブラックストックという人物が、「芸術家だから」と許される背景には、ブラックストックが、外国人ではなくてもマイノリティ人種のひとりとして、どこか「別格」という、不合理な受け止められ方をされるからかもしれない。傲慢で鼻持ちならない人物を主人公とするようなコメディは、イギリスではそれまでも成功を収めていた。たとえば、「モンティ・パイソン」のひとり、ジョン・クリース主演の人気コメディ・シリーズ「フォルティ・タワーズ」（一九七五、一九七九）では、主人公のバジル・フォルティは、使用人をも客をも怒鳴りつける、とんでもないホテルの経営者である。この番組でフォルティは、金持ちや階級が上の客にはこびへつらう一方、外国人の従業員には人種差別的な発言を連発するなど、明らかに「嫌な人物」であり、番組自体はいわゆる「ブラック・コメディ」となっている。しかし「シェフ！」の場合は、ブラックストックはあくまでも、「芸術家気質だが憎めない」人物として、共感的に描かれているのである（そして番組としては「フォルティ・タワーズ」の方がはるかに人気があるのも、「イギリスらしい」と言えるかもしれない）。

料理人は使用人だが、すぐれた料理人は芸術家でもある。ただし、その芸術性を発揮するのは、従来のイギリスの階級制度の外にいる、「よそ者」でなければならない。イギリスの料理がまずいという伝統が長年続いているのも、料理人に対するこのようなアンビヴァレントな態度が原因のひとつなのかもしれない。

第4章　メイド——玉の輿はありかなしか

「使用人になるのだったら、どういう使用人になればいいかしら」と私は母さんに聞いた。母さんは、「そうね、あんたは針仕事が大嫌いだから（確かに私は針仕事は昔から大嫌いだった）、できることはひとつだけね。台所に入ることよ。パーラー・メイド（客間つきのメイド）だったらテーブルクロスやナプキンの繕いをしなければならないし、ハウス・メイドならば、その他のすべての繕い物をしなければならないし、もし子供部屋に入れば子供たちの服を繕ったり、ときには作ったりもしなければいけないからね。でもキッチン・メイドになれば、針仕事はいっさいしなくていいんだよ。」そこで私は「わかった、じゃあキッチン・メイドになる」と言った。

（マーガレット・パウエル『階下の生活』一九六八年、第九章）

これは、十五歳のときにキッチン・メイドとして働き始め、その後経験を積んで料理人に昇格したマーガレット・パウエルという女性が、使用人としての生涯を振り返った回顧録からの引用である。パウエルが最初にキッチン・メイドになったのは一九二五年のことだった。母親も十四歳のときにメイドになったが、まるで奴隷のように働きづめで、他の使用人からは見下されていたと、娘に語っていた。しかしパウエルに最初に使用人になることを勧めたのがこの母親だったので、なぜそんなつらい仕事を勧めるのかと尋ねたところ、「今の使用人の生活は昔とは違うんだよ。仕事はそんなにきつくないし、時間ももっと自由になるし、外出もできるしお金もいいからね」とのことだった。母親がメイドになったのは一八九五年であり、三十年の間には、使用人の仕事を少し楽にさせるような道具や設備が整い始めたし、使用人に対する扱い方もだいぶ変わっていった。しかし使用人の仕事が少々楽になったとしても、何人もの使用人を雇う家庭は珍しくなく、冒頭の引用に挙げたように、この時代にはまだ、「メイド」と言ってもいくつかの種類があり、仕事も細分化されていた。

パウエルのようなワーキング・クラス出身の女性にとっては、二十世紀初頭でも、やはり住み込みのメイドは条件の良い仕事だった。「はじめに」でも書いたように、一八九一年に行なわれた人口調査によると、イギリスの総人口二九〇〇万人のうち、男性の使用人の数は五万八五二七人だったが、女性の使用人の数は一三八万六一六七人ということだった。二十世紀になるとこの数は減っていくが、第一次世界大戦後には全国的な不況により仕事が減って、使用人の数が再び増えていった。一九三一年の調査では、使用人の人口は、男性が七万八四八九人で、女性が一三三万二二二四人となっている。女性の使用人のうち、一番大きな割合を占めるのが、メイドだったのは言うまでもない。メイドの種類も、キッチン・メイド、パーラー・メイド、ハウス・メイド、そしてナーサリー・メイド（子供部屋つきメイド）といった、冒頭の引用に挙げられているメイドのほかに、その家の女主人や成人した娘たちにつくレイディーズ・メイド、洗濯のためのランドリー・メイド、乳牛を飼っている家ではその世話をするデアリー・メイドなどがあった。そして、それぞれのカテゴリーの中でも、「アッパー」と「アンダー」の上下関係があり、使用人の大勢いる大きな屋敷では、さらに「セカンド」、「サード」などの順位がつけられていた。このなかではレイディーズ・メイドだけがアッパー・サーヴァントであり、他のメイドはたとえアッパー・メイドであっても、アッパー・サーヴァントとはみなされなかった。

使用人と主人の地位の格差が強調されるようになった十九世紀には、メイドを何人も雇っているような大きな館では、レイディーズ・メイド以外のメイドは、主人一家やその客の目にほとんど触れることはなかった。たとえばハウス・メイドは、主人たちがまだ休んでいる朝早くに居間や食堂など階下の部屋の掃除をすませ、主人たちが起きて朝食をとっている間に、寝室の掃除を終えなければならなかった。昼食や夕食の間には、それまで使っていた居間や寝室を再び掃除して、主人たちが食堂から出てきたころにはもう姿を消している。執事やハウスキーパーのもと、絶妙なタイミングが要求されたのである。さらに、使用人と主人が顔を合わせなくてもすむように、使用人用の出入り口や廊下などが特別に設けられた。大きな家では、壁紙が張られ、一見すると普通の壁のように見えるところに、実は使用人用のドアが隠されていたりする。なかには、メイドと顔を合わせるのを極端に嫌う主人もいた。E・S・ターナーの『執事が見たもの』によると、十代ベッドフォード公爵（一八五二〜九三）の館ウォーバン・アビーでは、午前中の、掃除がすっかり終わっているはずの時間にうっかり公爵に姿をさらしてしまったメイドは、その場で解雇されたという（二六三ページ）。十三代ベッドフォード公爵（一九一七〜二〇〇二）はその自伝『銀めっきのスプーン』（一九五九年）の中で、十代公爵の弟であり自分の祖父である十一代公爵（一八五八〜一九四〇）は、館に電気を導入する際、その作業員の姿を見ることさえ嫌ったと書いている。作業中はつねに見張りが立てられて公爵の姿が遠くに見えると合図をし、作業員は公爵がその場を去るまで身を隠していなければならなかった。しかし、ハウス・メイドは全員身長が五フィート十インチ（約一七七センチ）以上なければならなかったというのだから、不思議である（『銀めっきのスプーン』一八ページ）。これは下男のように見た目重視というよりは、背が高くなければ高いところの掃除がうまくできないからだったのだろう。

主人たちの目に触れないように、館の隅や外に追いやられたメイドもいた。洗濯を担当するランドリー・メイドである。十八世紀までは、洗濯には尿が使われたりして悪臭が発生したので、洗濯スペースは館の中心からなるべく遠く、あるいは別の建物に設けられていた。ランドリー・メイドは直接主人一家と接することはなく、ひたすら洗濯に従事していればよかったので、他の使用人に比べて、比較的自由な生活を送っていた。建築史家マーク・ジルアードは、その著書『イギリスのカントリー・ハウスの生活』（一九七八年）で、ランドリー・メイドについて、次のように書いている。

ランドリー・メイドはハウスキーパーやハウス・メイドよりも何世紀も前から、カントリー・ハウスで仕事をしていた。かれらは独立した集団であり、必ずしもハウスキーパーの管理下に置かれていないこともあった。洗濯機や乾燥機が発明される前には、洗濯は大量の蒸気と臭気を伴い、乾かす場所も必要だった。従って、洗濯は使用人のいる空間の外に置かれるのが普通だった。このように独立した仕事場だったので、綺麗な娘はこの職につくことを好み、また、洗濯場は館の外で働く男たち――特に馬ていい――が気軽に寄れるところだった。男女の使用人を厳しく分けていたヴィクトリア朝のカントリー・ハウスにおける唯一の弱点だったのである。

（二八三ページ）

こういう状況に置かれているので、事実がどうであれ、ランドリー・メイドには性的に奔放で不道徳だというイメージがあった。パメラ・A・サムブルックの著書『カントリー・ハウスの使用人』（一九九九年）によると、ランドリー・メイドがふしだらで不道徳だというイメージは、主人たちの汚したものを洗うという、彼らの役割から生じたものでもある。特に「臭い物にふたをする」時代であったヴィクトリア朝の紳士たちは、掃除や洗濯といったプロセスからひたすら目をそむけたがった。ランドリー・メイドやハウス・メイドは生活に必要であると同時に、嫌悪の対象でもあるという、矛盾をともなう存在だったのである。

一方、レイディーズ・メイドはその地位も環境も、仕事の内容も異なっていた。女主人の服の管理を任されるため、針仕事ができることが必須条件だったが、さらに見た目も重視され、また、女主人との会話がきちんとできるように、言葉が明瞭で、あまり強い訛がないことも要求された。若さも重要な条件で、ターナーによると、中年を迎えたレイディーズ・メイドは職を探すのが困難だった。ハウスキーパーに昇格するレイディーズ・メイドもいたが、よくあることではなかったようだ。一般的にはメイドの出世の頂点は、レイディーズ・メイドではなくハウスキーパーであることのほうが普通だった。ハウスキーパーは年を重ねても務まる職だったからである。レイディーズ・メイドは、年齢が高くなりすぎて解雇される前に結婚相手を見つけることが、ひじょうに重要だったが、ターナーによると「結婚市場において、レイディーズ・メイドは二つのハンディキャップをかかえていた。たいていの場合、身分に不相応なほど気位が高かったし、料理ができなかったのである。」

レイディーズ・メイドにかぎらず、女性の使用人にとって、結婚相手を見つけるのは困難だった。というのも、つねに女主人やハウスキーパーが目を光らせていて、若い男性を寄せつけないようにしていたからである。それでも妙齢の女性であるからには、同じ家の使用人だけでなく、出入りの業者や、十九世紀においては、パトロール中の警官などといちゃつくといったイメージが絵や文章に描かれている。新しいメイドを雇う際に、"No followers"(「恋人を連れてくるのは禁止」)というのが決まり文句になっていた。主人やその息子たちもまた危険な存在だった。つねに貞操の危機にさらされているメイドは、繰り返し小説や演劇のテーマとなっている。ジョナサン・スウィフトが一七四五年に書いた使用人の手引書『奴婢訓』では、「メイド」の箇所に、次のように書かれている。

もしお前が立派な家に務めていて、奥様に付いているのであれば、ご主人様はおそらくお前を気に入るだろう。お前に奥様の器量の半分もなかろうと。その場合は、できるだけご主人から絞りとらなければならない。なれなれしい行動、手を握ることなどは一切許してはならな

日曜日の物語
女主人（厳しい口調で）：メアリー、あなたは今朝教会に行かないで、ハイド・パークにいたそうね。
メアリー：まあ奥様、私は青空礼拝に行ったんですよ。

じっさいに拝んでいたのは……　（『パンチ』1887年3月26日）

い。ご主人様がその手に一ギニー硬貨〔一ギニーは一ポンド一シリング。当時ではかなりの金額である〕を握らせてくれない限り。そしてご主人様が何か新しいことを試みるたびに代償を求めて、許す内容が大きくなるにつれて倍の報酬を求めなければならない。そして、ご主人様からお金を受け取ってもつねに抵抗を示し、大声を出すか、奥様に言いつけると脅さなければいけない。お前の胸を触らせる場合は、必死で抵抗するふりをしても、五ギニーもらえればお安いものである。しかし最後の一線を超えるには、少なくとも一〇〇ギニーか、あるいは、二〇ポンドの年金を要求しなければならない。

メイドの貞操を狙うのは主人や主人の息子だけではなかった。スウィフトはさらにこう続ける。

こういう家では、お前が器量良しの場合は愛人の選択は三つある。家付きの牧師、家令、そしてご主人様の従僕である。家令を選べというのが私の提言だが、もしご主人様の子供を孕んでいる場合は家付きの牧師で我慢しなければいけない。

牧師よりも家令を上に置くのはいかにもこの著者らしい皮肉だが、器量の良いメイドがいくつもの誘惑にさらされていたのは確かである。スウィフトが書いている十八世紀においては、主人と使用人の関係は、十九世紀後半以降に比べるとそれほど厳しいものではなかった。使用人は家族の延長と見なされたし、彼らと自分たちとはまったく違う人間だと必要以上に強調されることもなかった。使用人が主人の家族に最大の礼儀を示し、メイドは必要のないときには主人の家族の前に一切姿を見せてはならず、自分から主人とその家族に話しかけることも許されなくなったのは、使用人を雇う階級が、使用人自身の出身階級とそれほど違わないロウワー・ミドル・クラスにまで下がってきて、雇い主と使用人との違いをはっきりさせる必要が強まった、ヴィクトリア朝においてだったのは、前にも書いたとおりである。

それでも、メイドが主人に誘惑されることは減らなかったようだ。一八八〇年代後半に、『私の

意思と行動
女主人、メイドの恋人に向かって：この図体のでかい怪物め！　とっとと台所から出て行きなさい。さもないと、あんたの首根っこをつかんでものすごい勢いでほうり出すよ！
（『ファン』1877年4月11日）

秘めたる人生』という題名の十一巻にもわたる、エロチックな回顧録が匿名で出版された。その中で著者は幼いころから自分がいかにして性にめざめていったかということを、赤裸々に描いていくが、その相手はやはり使用人が多い。まだ子供で、性体験もしていないうちから、「私はすぐに使用人たちが格好の相手であることを発見し、じきに、家中の女性の使用人でキスをしていない者はいないくらいになっていた」と書いている（第一巻、第二章）。この著者が誰であるのか、書かれている内容がどのくらい事実であるかは不明である。フランク・ヴィクター・ドーズはその著書『使用人の前ではやめて――階上と階下の生活』(一九七三年)の中で、「『私の秘めたる人生』にあれほど詳しく書かれている、女性の使用人を誘惑することは、上流階級の国民的娯楽だったようだ。それは密かに行なわれ、ルールは存在しなかった」と書いている(四五ページ)。『私の秘めたる人生』の著者の場合はほとんど性にとりつかれているようであり、いくらなんでもあそこまでのオブセッションは普通ではないだろうという気もするが、若い女性の使用人が主人たちの「格好の相手」であったことは確かだろうし、それ自体はイギリスに限ったことでもないだろう。

こうして誘惑されたメイドの不行跡が妊娠などで発覚した場合は、即座に解雇され、雇い主からの推薦状ももらえなかった。そして当時の使用人にとって、職につくには推薦状が欠かせないものだったのである。推薦状をもらえずに解雇された女性の使用人は、実家に戻ることができなければ、救貧院に入るか、売春をするしかなかった。ドーズによると、一八六七年にはロンドンに娼婦が八万人いたが、その多くはもとは使用人であり、彼女たちは「ドリー・モップ」と呼ばれていた(「ドリー」は女、「モップ」は掃除用具から来るらしい)。

このような「堕ちたメイド」を扱った小説や演劇はおもに、「そうならないように」という教訓の目的で書かれた。そのような文学作品のうち最も有名な例は、一七四〇年に出版された、サミュエル・リチャードソン(一六八九~一七六二)の『パメラ、あるいは報われた貞操』だろう。二巻本のこの小説はたいへんな人気を集めた。一九八〇年のペンギン版の序文の中で英文学者のマーガレット・ドゥーディは、「イギリスのフィクションの歴史における、ベスト・セラーという現象の最初の例である」と書いている。著者のリチャードソンはワーキング・クラスの出身で、印刷工の見習いとなり、のちに自分の印刷所を持つようになった。本の序文や、見習いのためのハンドブックなどの書き物も手がけていたが、一七三九年に、手紙の例文集の依頼を受けた。仕事や社交のさまざまな状況を想定した手紙の例文集は、イギリスでは十六世紀からすでに出版されていた。もとは読者に模範例を示すためのものであったのだろうが、リチャードソンのころには、「田舎のうぶな若い娘」、「ものを知らない若者」といったように、書き手の特徴を文体におおげさに表わしたもの、そして「ご主人に誘惑されるメイド」など特殊な状況を材料にした、娯楽目的の読み物となっていたようだ。リチャードソンも依頼された手紙の例文集に、「主人に言い寄られて困っているメイドが実家の父親に宛てた手紙」を入れていたが、それが『パメラ』のインスピレーションとなってこの書簡体小説を書き始めた。肝心の例文集は、『パメラ』を書き終えるまでは中断していた。

この小説は、メイドとして仕えていた女主人が病死したことを、パメラが両親に書き送る手紙から始まる。興味深いのは、手紙の冒頭でパメラが、自分は女主人に目をかけてもらって、文字を書くことや計算、針仕事といった「身分に不相応な」教育をしてもらったので、それに見合う職を他の家で見つけるのは難しいと語っていることである。そして、読み書き計算ができるようになったからには、もはやたんなるキッチン・メイドやハウス・メイドを務めるわけにはいかないので、実家に帰って両親の負担になるしか道はないと思ったと嘆いているのである。いったんある程度の教育を受けてしまったら、それに見合うだけの仕事以下のものは、たとえ失業しても引き受けるわけにはいかないというのは、いささか奇妙な論理に思われるが、それほどこの時代、この階級の人間にとって、自分の階級にふさわしい以上の教育を受けるのが特別なことであったことがわかる。

一方、パメラがこうして冒頭からはっきりとした上昇志向を示しており、主人をさんざんじらして最後にはみごとに玉の輿に乗る、したたかな女だと非難する評者も少なくなかった。パメラが実家に帰らなくてすんだのは、女主人が息をひきとる前に、現在いる使用人全員の面倒を見るようにと息子に頼んだからだった。新しく屋敷の主人となるこの息子はパメラの手をとり、「大事なお母様のために、お前には親切にしよう。お前は私のシーツや服の世話をしなさい」と、優しい言葉をかけてくれる。女主人のいない家ではパメラのようなレイディーズ・メイドは不要になるわけだが、こうして、若主人が特別な配慮をしてくれることになったのである。

最初はこのことを喜んで両親に報告するパメラだが、だんだんと、新しい主人には別の目的があることがわかってくる。貧しいが実直な両親から、貞操を大事にするよう教え込まれているパメラは、主人の誘惑を断固として退ける。こうして主人「B氏」の、パメラに対する執拗な求愛が始まるのである。じっさい、B氏のパメラに対する執着は常軌を逸している。あるエピソードでは、彼は女装してハウス・メイドになりすまし、自分の手下である、あくどいハウスキーパーのジュークス夫人と共謀し、パメラと一緒のベッドにもぐりこもうとする（当時の使用人は、ひとつのベッドに二人、あるいは三人で寝ることは決してめずらしくなかった）。しかしパメラが恐怖のあまり失神してしまい、彼女が死んだかと思って仰天したB氏とジュークス夫人が必死で介抱したので、パメラはその場は難を逃れる、といった具合である。

ヒロインがさまざまな障害のために、なかなかヒーローと結ばれないというのは、ロマンスの常套手段であって、作者がこうしてヒーローだけでなく読者をもじらしているのは言うまでもないが、この小説の場合は、ヒロインがメイドであり、紳士（少なくとも階級的には）であるヒーローを何度も退けたあげく、最終的にはその妻の座に収まってしまうという、従来の階級観に反する筋書きであるだけに、強い反論も多かった。ヘンリー・フィールディングは一七四一年に、「コニー・キーバー」という名前で、『シャメラ・アンドリューズ夫人の生涯への弁明』という小説を発表したが、これが『パメラ』のパロディであることは、その題名からも明らかだった（Shamela の sham とは、「にせもの、いかさま」の意）。この小説も書簡体で書かれており、『パメラ』のヒロインのパメラ・アンドリューズの本名が実は「シャメラ」であり、B氏との結婚も、最初から自分が策略して仕組んだものであることを告白している、という内容になっている。貧しいが信心深く、実直なパメラの両親とは違って、シャメラの父親はさまざまないかがわしい事柄に手を染めた人物であり、母親は「劇場でオレンジを売っていた。シャメラの父親と結婚していたかどうかは定かではない」（「オリヴァー牧師からティックルテクスト牧師への書簡」)。そして、病死した女主人の息子に言い寄られたシャメラは、母親に次のように書き送る。手紙の文体は、身分不相応な教育を受けたパメラと違って粗野で、文法の間違いも多い。

若旦那がやって来ましたが、絶対間違いなくあたしに惚れたみたいです。「パメラ（ここではそう呼ばれてますから）、おまえは亡くなった奥様のお気に入りなんだよね」と言うので「ええ、そうです」と言ったら、「お前にはそれだけの価値があるからね」って言うんで「そう言ってもらって嬉しいです、旦那様」と言ったら手を握ってきたので、恥ずかしがるふりをしてやりました。「まあ、変なことはしないでくださいよ」と言ったら、「しないよ」と言って、息ができなくなるまでキスしてきました。あたしは怒ったふりをして、逃げるふりをしたら、またキスしてきて、息をきらせてとても間抜けに見えました。でも運が悪いことにジャーヴィスさんが入ってきてお楽しみも終わりでした。こんなふうに邪魔が入るのはなんてうっとうしいんでしょう。また書きます。まだここから出るつもりはありませんから。

（『シャメラ・アンドリューズ夫人の生涯への弁明』書簡二）

また、同じ年に、『パメラに向けた非難』と題された匿名の出版物で著者は、『パメラ』においてリチャードソンは、「どんなに低い地位から出てきたメイドでも、少し控えめであれば、主人を自分と結婚するように陥れる明らかな権利がある」と主張していると非難し、テクストに細かく言及しながら、その「不道徳な」箇所を批判した（一七ページ）。

とはいえ『パメラ』は出版当初からひじょうな人気を博して、たいへんな「パメラ・ブーム」を引き起こし、パメラの図柄を使った扇子やカップ、トランプなどの「パメラ・グッズ」までもが売られていた。その一方で、パメラが偽善的であり、自分の「貞操」を利用して欲しいものをまんまと手に入れたと批判したのは、フィールディングだけではなかった。『パメラ』はたんなる玉の輿に乗ることに成功したヒロインのサクセス・ストーリーではない。B氏が彼女を追跡する目的はただひとつ、性関係を結ぶことであり、たび重なる試みとパメラの貞操の危機、そして危ういところで逃れるという繰り返しは、明らかにエロチックなものである。じっさい、サド侯爵の一七八七年の小説『ジュスティーヌ、あるいは美徳の不幸』には、『パメラ』の影響が明らかであると言われている。

当時の読者にとって『パメラ』は、ワーキング・クラスの主人公が、誘惑を退けて貞操を守った末に報われるという教訓物語として、表向きには何の罪悪感もなく読むことができ、じっさいは、そのロマンスとエロチシズムのスリルを味わうことができたのである。また、ワーキング・クラスの娘がアッパー・クラスの紳士と結婚するという、実際の社会ではめったに起こりえないような夢物語も楽しむことができた。リチャードソン自身は、この話は実在のケースをもとにして書いたものだと主張していたが、詳細は明かしていない。確かに、使用人がその主人と結婚するのは皆無ではなかったが、やはりかなり珍しいことではあった。

『パメラ』を攻撃する人々は、この小説のこういった二面性を非難していたわけである。ヒロインのパメラが、実は計算高い、したたかな女であると批判する彼らの理由のひとつは、パメラがB氏の誘惑を退けるふりをしながら、実は挑発しているように描かれていることにあった。逆に言うと、こうでもしなければ、いくら美しいとはいえ、ひとりのメイドにB氏がそれほど執拗に求愛するという状況そのものに無理があるわけで、パメラが、B氏の館から一日も早く逃げ去りたいと言いながら、あれこれ口実を設けて結局はそこにとどまっていたり、B氏に対してときどき好意的な言動をとったりするように描かれるのも、ロマンスのテクニックとしては避けることができなかったからである。リチャードソンは多くの批判や非難に答えて、一八〇一年に『パメラ』の改訂版を出しているが、パメラの挑発ととれる場面をなるべく削除する、あるいは書き換えることがこの改訂版の目的のひとつであった。とは言っても、リチャードソンはこの前から、さまざまな改訂を行なってもいる。たとえば一七四一年に匿名で『パメラに向けた非難』という書物が出された。筆者はその中で、第一巻の書簡十五でパメラがB氏から逃れるために自分の部屋に逃げ込み、直後に失神して、その姿をB氏が鍵穴から覗くという場面に触れ、パメラがそこで仰向けに倒れているのは、

「見ている者の欲情をそそる」という批判をしている。おそらくこの批判に答えて、一八〇一年の改訂版では、リチャードソンは第五版以降では、パメラがうつぶせに倒れたと書き換えているが、一八〇一年の改訂版では再び仰向けになっている。一九八〇年のペンギン版の編集をしたピーター・セイバーは註でこのことに触れ、「リチャードソンがパメラの状態を仰向けに戻したのは、おそらく、倒れているパメラを後ろから見ても『見ている者の欲情』がそそられるのに変わりはないと気づいたのだろう」とコメントしている。このように、リチャードソンはかなりこの小説の批判に敏感であり、さまざまな書き換えをしているのである。

一八〇一年の改訂版のもうひとつの大きな特徴は、パメラの手紙の文体が、ところどころ少し品の良いものとなり、行儀や礼儀に対して、より敏感であることを示すように書き換えられたことである。最初の版では、パメラは田舎のワーキング・クラスの若い娘らしく、その手紙には方言や、彼女の階級特有の表現などが使われていたのが、改訂版ではその多くが変えられている。冒頭でパメラ自身が述べているように、「身分に不相応な」教育を受けたパメラは、ふつうのワーキング・クラスの娘とは少し違うので、最後にB氏とめでたく結婚するのもそれほど不釣合いなことではないという印象を、リチャードソンが読者に与えようとしたのである。

実はヘンリー・フィールディングは父親も、また、自分自身も、最初の妻を失った後、使用人と結婚している。父親のエドマンド・フィールディングは貴族の家の末裔で、陸軍の士官だった。

ヘンリーの母親である最初の妻が一七一八年に死亡した翌年に、カトリック教徒の未亡人と再婚して物議を醸した。二人目の妻の死後、一七二九年に裕福な未亡人と再婚するがこの妻も亡くし、一七四一年の三月に使用人のエリザベス・スパリーと結婚するが、三か月後に自身が病死した。このときエドマンドは債務者勾留所に拘束されていた。ちょうど同じときにヘンリーも別の債務所勾留所にいたが、父親のこの四度目の結婚は息子にとって大きな打撃だった。『シャメラ』で主人を陥れて結婚しようするメイドを書いたきっかけのひとつは、父親のこの再婚でもあるかもしれない。そのフィールディングが一七四七年に、最初の妻シャーロットのメイドだったメアリー・ダニエルと再婚したのは皮肉な展開である。シャーロットは一七四四年に病死し、フィールディングは妹のセーラと、二人の子供たち、そしてメイド兼料理人を務めたメアリーと暮らすことになった。フィールディングとメアリーの関係がいつから始まったのかは定かではないが、二人が結婚したときにはメアリーは妊娠六か月だった。フィールディングの父親と同じく、メイドと結婚したことは話題になり、揶揄の対象となった。フィールディングの伝記を書いたロナルド・ポールソンによると、フィールディング自身は、メアリーが最初の妻を敬愛していて、二人で悲しみを分かち合い、慰め合っているうちに親密になったと友人に説明しており、メアリーの妊娠が発覚してからは、きちんと責任と果たしたのだと自分の行為を弁明している。しかしこれは例外的であり、自分と関係を持った主人との結婚を果たしたメイドはそう多くはなかった。

もうひとつ、よく知られている例としては、十九世紀後半、詩人で法廷弁護士でもあるアーサー・マンビー（一八二八〜一九一〇）と十八年間もつきあって、一八七三年に秘密裏に結婚したハンナ・カリック（一八三三〜一九〇九）がいるが、彼女がマンビーと知り合ったのは、マンビーの使用人としてではなく、マンビーがワーキング・クラスの女性を取材していたときだった。マンビーの取材の目的は、研究や調査のためというよりは、昔からワーキング・クラスの女性に惹かれていて、彼女らと何らかの接点を持ちたいと思っていたからなのは、その日記からも明らかである。

一八五九年一月二十八日

アッパー・ポップルトンの村を通って帰って来たら、村の農家の庭で水を汲んでいる女性がいて、ひじょうに目の保養になった。典型的な農家の女中だ。……単純で、自意識がない。もし何か考えているとしたら、自分が汚れていて、人に見られたくないということだろう。しかし淑女がうらやむような美しい体つきと顔色をしているだけでなく、淑女が得ることのできない、そして得るべきでもない、大柄で筋肉質の優雅さを兼ね備えている。

（デレク・ハドソン『アーサー・J・マンビーの人生と日記一八二八〜一九一〇』）

彼は道を歩くワーキング・クラスの女性を呼び止め、「調査」という名目で彼女たちの仕事の内容などを尋ねるのを習慣としていたのである。こうしてハンナと知り合ったマンビーはこっそり彼女と逢瀬を重ね、そして文通をした。ハンナは五歳から八歳まで、地元の慈善学校で教育を受けていたが、マンビーと出会ってからはマンビーの指導のもとに、手紙や日記を書き続けた。ハンナはいくつか職を転々としたが、特にハウス・メイドや台所の下働きのメイドだったことが多く、自分もそのような純粋な肉体労働をするのを好んでいた。そしてマンビーも、ハンナがいかに毎日身を粉にして働いているか、その詳細を知りたがったため、ハンナは朝から夜まで働きづめであるにもかかわらず、仕事が終わると、その日の仕事の内容を細かく手紙に書き、マンビーに送ったのである。マンビーが密かにハンナの勤める家までやってきて、ハンナがはいつくばって玄関を掃除しているさまを、遠くから眺めていることもあった。

ハンナは、マンビーと出会う前に、ロンドンの劇場で上演されていた『サルダナパルス』という芝居を見物していた。これはバイロンの劇で、派手な衣装や豪華な舞台装置で話題を集めていた。アッシリアの王であるサルダナパルスは奴隷のミュラーと恋仲にあり、最後に二人は心中するのである。ハンナはこの芝居に感銘を受け、「私が恋をするとしたら、相手は私よりもずっと地位の高い人で、私はミュラーのように、その方の奴隷となるんだわ」と思ったという（『アーサー・J・マンビーの人生と日記一八二八〜一九一〇』）。じっさい、マンビーはハンナが顔や身体を黒鉛で真っ黒に塗って、「煙突掃除」のふりをするのを好んだ。煙突掃除は少年や男性の仕事であり、メイドがすることではなかったが、マンビーはハンナが文字通り「真っ黒になって」働いているところを想像するのを好み、ハンナも必要もないのに、雇われた家でこっそり煙突掃除をすることもあった（ダイアン・アトキンソン『アーサー・マンビーとハンナ・カリックの結婚』二〇〇三年）。そして自分がその日いかによく働き、全身が汗と汚れにまみれたかを手紙に詳しく書いて、マンビーを喜ばせたのである。マンビーの自宅で密会するときにはハンナは全身を黒鉛で黒く塗ったり、マンビーの靴を磨く際にも、自らがそれを舐めて綺麗にすることを好んだことが、彼女の手紙にも記録されている。マンビーはまた、ハンナを写真屋に連れていき、さまざまなポーズで写真を撮らせた。上半身裸で、頭を布で覆い、首と手首に従属の印の鎖と皮紐をはめたハンナが地面に座ってあぐらをかき、主人の顔を見上げている写真が残っているが、マンビーはこの写真をつねに持ち歩いていたという。ハンナはマンビーを「ご主人様」、自らを「奴隷」と呼んでいたし、首の回りの鎖には鍵がかかっており、その鍵はマンビーが持っていた。彼女は寝起きを共にする他のメイドに、この首の鎖を見られてしまうのではないかとつねにひやひやしていた。

このような二人の関係は当然、つねに発覚の危険をはらんでいた。ハンナは、雇い主の家に来る郵便を最初に自分が受け取るようにした。マンビーから自分に送られる手紙が誰かに見られた場合、中身を読まなくても表書きの筆跡を見ただけで、それが「紳士」からであることがわかるため、ハンナは彼からの手紙もひた隠しにしなければならなかったのである。ハンナの手紙やマンビーの日記の記述から、二人のあいだには性的関係がなかったことが伺える。しかしそれでも、ハンナが結婚などあり得ない、上の階級の紳士と親しくしていることだけで解雇の理由になりえたし、実際に一度そういう理由で解雇されている。

真面目なマンビーは、自分がハンナに対して責任をとらなければならないと悩んだ。一方でハンナはマンビーとの主従関係に満足していて、妻になりたいなどと思っていなかった。しかしとうとうマンビーはハンナを説得し、二人は秘かに結婚する。この結婚を知る人はマンビーの友人の牧師と、ハンナの妹だけで、マンビーの両親は知らされていなかった。結婚後、ハンナはマンビーと同居するが、そこでも自分が使用人の扱いを受けることを要求した。マンビーの友人が訪ねてくると、ハンナは即座にメイドに戻り、マンビーとその客に仕えた。しかしハンナにとって、このような中途半端な生活は大きな不満の種だったらしく、一八七七年には彼のもとを去って再びメイドの職を得たが、その後も二人は文通を続けている。使用人と主人が別世界に住み、使用人のなかにも厳しい階級制度があったこの時代には、二人が自分たちの関係をひた隠しにしていたのも不思議はない。マンビーはワーキング・クラスの女性に共感を抱き続けたが、それでもメイドを堂々と妻に迎えることはできなかったのである。二人の関係はマンビーの死後、ハンナに財産を残している遺言が発見されたことで発覚した。そのときハンナはすでに死んでいたが、マンビーの遺言の内容は変わっておらず、当時の新聞はこの秘密の結婚について、興味本位ででかでかと書きたてた。

マンビーの日記によると、「私たちのこの関係が百年後に知れたら、誰も信じないでしょうね」とハンナは言ったそうだが（一八七四年五月七日付日記）、それがどう受け止められるかはともかく、性的な要素を含んだ関係であれば逆に理解しやすいものだっただろう。ハンナはマンビーと自分の身分の違いを決して超えようとはせず、紳士の妻になりたいという「玉の輿」願望もなかった。ハンナに対して責任を感じたマンビーがハンナと正式に結婚したのちに結局ハンナが家を出て、再びよその家のメイドの職についたのも、その表れである。マンビーが保管していたハンナの手紙（現在はケンブリッジ大学のトリニティ・コレッジに「マンビー・ペーパーズ」として保管されている）を編集して『ハンナ・カリックの日記』として一九八四年に出版したリズ・スタンリーは、フェミニスト的視点からハンナを自立した女性として描いており、二人の性的嗜好よりも、なるべく「強い女性」としてのハンナに読者の注目を集めようと試みている。たしかにリチャードソンのパメラのような「玉の輿」願望がハンナには見られない。また、二人のあいだには結婚後にも性的関係はなかったのではと推測する評者もいる。従来の主人とメイドの関係のように、主人はメイドの貞操を狙い、メイドは紳士の妻の座を勝ち取ろうと狙っているといった下心が、マンビーとハンナのあいだには存在しないと言える。しかし彼らのいわば「純愛」が、スタンリーなどのフェミニスト的解釈にも関わらず、主従関係にエロチックな喜びをみいだす、倒錯した愛として興味を集めることが多いのは、皮肉なことである。

このように、ワーキング・クラス出身のメイドは、その階級、そして女性であるということで、職場ではつねに弱者であり、堕落の道に落ちやすい存在だった。そのような娘たちが堕落しないように諫める教訓書は、その後も小説やエッセーの形で書き続けられるが、そちらは『パメラ』のようなハッピー・エンドではなく、誘惑に負けたらどういう運命が待っているかという「悪い例」を示したものが多かった。特にヴィクトリア朝の小説ではその類のものが多く見られる。たとえば、牧師の妻であり、小説家としてワーキング・クラスの生活を観察して鮮やかに描いたエリザベス・ギャスケル（一八一〇〜六五）の小説には、メイドとして働いているときに妊娠して解雇され、娼婦となって哀れな最期をとげるといった人物が、何度か描かれている。ギャスケルは一八五三年の小説『ルース』において、私生児を生んだヒロインが（彼女はメイドではなくてお針子だったが）罪を償って人のためにつくして生き、子供を立派に育て、最後は回りからも許しを得てこの世を去るという、「堕ちた女」に同情的な小説も書いているが、これさえも、同時代の読者からは「罪のある女を良く書きすぎている」という反発を招いていた。当時はワーキング・クラスの女性が誘惑に負けて妊娠した場合、使用人として生きる道が完全に絶たれ、売春に追い込まれる者も少なくないのは前に書いたとおりだが、一方で、妊娠をなんとか隠しとおしたあげく、生まれた赤ん坊を殺したり捨てたりする事件も後を絶たなかった。また、「ロード・ヒル・ハウスの殺人」として知られるようになった、一八六〇年に起こった迷宮入りの幼児殺人事件では、殺された少年サヴィルは、子供部屋付きのメイドと自分の父との情事をうっかり目撃してしまい、口封じのために殺されたという説が、野次馬のあいだでは有力であり、チャールズ・ディケンズも、自分はその説が正しいと思うと、何度か友人への手紙に書き送っている（その後、ディケンズは別の推理をしている。詳しくはケイト・サマースケイル著『最初の刑事――ウィッチャー警部とロード・ヒル・ハウス殺人事件』二〇〇八年を参照、邦訳は早川書房、二〇一一年）。メイドが主人の誘惑に負けることは、恐ろしい結果につながりかねなかったのである。

トマス・ハーディの一八九一年の小説『ダーバヴィル家のテス』も、このような「堕ちた女」を扱っている。最初の勤め先で、その家の女主人の息子に誘惑されたテスは、妊娠して赤ん坊を産むが、その赤ん坊は身体が弱くてすぐに死んでしまう。新しくデアリー・メイドとしての職を得るが、そこで、紳士でありながら農業を学ぶために使用人と共に働いているエンジェル・クレアと恋に落ち、エンジェルは家族の反対を押し切ってテスと結婚する。このような身分違いの恋を正当化する伏線としてハーディは、冒頭から、テスの家が、今は落ちぶれてワーキング・クラスになっているが、もともとは、イギリスのもっとも古い家のひとつであるダーバヴィル家の血を引くものであると、少なくともテスとその父親が信じていたことを、読者に示している。さらに、エンジェルは牧師の息子でありながら、聖職につくことを拒み、急進的な思想の持ち主であることも強調されている。しかし二人の結婚は、結婚初夜にエンジェルが、自分が過去にひとりの女性と関係を持ったことがあると打ち明けたので、テスも自分の過去をエンジェルに話したことによって、崩壊する。どうしてもテスを許すことができないエンジェルは、しばらく別居することを提案し、ひとりでブラジルに渡ってしまう。エンジェルの帰りを寂しく待つテスの前に、最初の情事の相手、アレックが現われ、エンジェルはもう帰ってこないから自分と一緒にならないかとテスを誘う。テスは最初は拒み続けるが、しばらくしてエンジェルが帰国し、テスの居場所を尋ねて行ったときには、アレックの愛人となっていた。テスはエンジェルに別れを告げるが、その後、アレックと言い争った末に彼を刺し殺し、エンジェルのもとへと逃げる。二人は、テスが逮捕されるまでの数日間を幸せに過ごし、テスは絞首刑に処せられる。ハーディはこの小説で、テスを犯罪と死に追いやったヴィクトリア朝の道徳観、女性に対するダブル・スタンダード、そしてワーキング・クラスの娘に対する、紳士の不当な仕打ちを攻撃しているのは言うまでもない。しかも、メイドのテスと正式に結婚することを承知するほど「急進的な」エンジェルが、結局はテスの置かれた境遇や状況を理解することができず（テスが最初にアレックにレイプされたのか、進んで抱かれたのかは小説では定かにされていないが、いずれにしても、テスのようなワーキング・クラスのメイドが、その雇い主に誘惑されるという力関係をエンジェルは考慮することができない）、テスを死に追いやってしまうという、皮肉な結果を描くことによって、いかにこういった理不尽な道徳観とダブルスタンダードがヴィクトリア朝の社会に深く根を下ろしているかを見せたのである。しかしこの小説に、ハーディが「ある清い女性の忠実な肖像」と副題をつけたことさえ非難されたのだった。

この時代にもうひとつ、「堕ちたメイド」を描いた有名な小説がある。一八九四年にジョージ・ムアが書いた『エスター・ウォーターズ』である。パリで美術を学び、フランスの写実主義文学の影響を受けたムアは、『テス』のように美化することなく、また、それまでのヴィクトリア朝の小説のように教訓物語にせずに、私生児を生んで育てたワーキング・クラスのメイドの話を書き上げた。主人公のエスターはウッドヴューという大きなお屋敷のキッチン・メイドとして雇われる。屋敷に到着して、まだ着替えもせぬうちに、台所を手伝えと料理人に言われて拒否し、トラブルを起こすが、屋敷の女主人のとりなしで置いてもらえることになる。このように最初から、気が強く、かんしゃく持ちとして描写されるエスターは、従来の弱くて美しいメイドとは少し違う。彼女を誘惑した相手も、主人やその家族ではなく、同じ屋敷に務める下男のウィリアムである。使用人の舞踏会で酒を飲みすぎたエスターは、ウィリアムに乞われるままに身体を許してしまう。今はまだ金がないので結婚は少し待ってくれと言うウィリアムに腹を立てたエスターは、わざと冷たくして口をきこうとしないが、そんなエスターの振舞いに怒りを覚えたウィリアムは、屋敷の主人の姪で、遊びに来ていたペギーと関係を結び、しまいには駆け落ちしてしまう。エスターはショックを受けるが、その後、ウィリアムの子供を身ごもっていることが判明し、屋敷を解雇される。しかしその際、屋敷の親切な女主人は、良心との葛藤の末、エスターの推薦状を書くことを承知する。

バーフィールド夫人はエスターについての推薦状に、彼女が正直で、よく働く娘だと書いた。「信頼できる」と書くべきかどうか躊躇したが、代わりに「私は彼女は心の底では本当に信心深い娘だと思います」としたためた。

（第十二章）

推薦状は使用人にとっても、雇い主にとってもきわめて重要な書類であり、使用人について嘘の推薦状をもとの雇い主が書いたことが判明した場合、激しく非難され、何か問題が起これば責任を問われることもあった。エスターが女性として不当な扱いを受けたことに同情するバーフィールド夫人は、エスターがこれからも使用人として生きていくことができるようにしてやりたいが、一方で、慎重に言葉を選ばなければならなかったのである。

エスターはこうして、大きなお腹で継父と母親、妹たちのいる実家に戻っていく。ここで興味深いのは、母親はエスターの状況を悲しむが、仕方のないこととして、彼女をなじったり怒りを表したりはしないことである。エスターの母親はきわめて信心深い人物として描かれているので、そのいわば平然とした態度はなおさら驚きを誘うが、当時のワーキング・クラスの女性にとって、こういった事柄は、ある意味では寛容に受け止められるべきものだったのである。だからなおさら、こういった「罪」に対して、ワーキング・クラスの若い娘の自覚を促そうというミドル・クラス側の試みが、小説やエッセーでしきりになされることになるのだった。

エスターはその後、無事に男の子を産む。そして、私生児を生んだワーキング・クラスの女性に開かれていた数少ない職のひとつである、母乳係の乳母 wet nurse の仕事を得る。ただし、そのためには自分の息子を、金を払って人に預かってもらわなければならないだけでなく、会いに行く時間も与えられない。しかも、子供を預かる女性が、もしエスターが望むならこっそり「処分」してやってもいいという申し出をして、エスターを激怒させる。当時は自分の子供に自らの母乳を与えないのが、アッパー・クラスやアッパー・ミドル・クラスのご婦人の習慣であり、そのためにはエスターのような、私生児を生んでしまい、自分の子供を邪魔に思っているようなワーキング・クラスの娘たちは、「母乳係」として最適だったのである。

エスターは別の家でハウス・メイドの職につき、その家の若い息子からラブレターをもらったのが発覚して（エスター自身は読み書きができないのだが）解雇されたり、また別の家では、子供がいることが発覚して解雇されたりして、屋敷を転々とする。最終的に、ロンドンでライス嬢という独身の女性作家の家のメイドとなり、安定した日々を送って、近所の文房具店の店員との結婚まで考えるが、ある日思いがけなく、子供の父親である下男のウィリアムと再会する。ウィリアムはペギーとの身分違いの結婚がうまくいかず、別居して、今はロンドンでパブの経営をしていた。エスターはライス嬢から暇をもらい、子供といっしょにウィリアムと暮らすことを決める。そしてウィリアムが最終的にペギーとの離婚を果たすと、正式に結婚する。ウィリアムはパブの経営のほかに競馬の賭けの元締めのようなこともやっており、寒いなか、競馬場に一日中立ち尽くしていたことがもとで病気になり、最後には、エスターに見守られて息をひきとる、というのが筋書きである。

こうしてエスターは、自分の手で子供を育て、夫も家庭も手に入れる。そして夫の死後は、もとの雇い主で、今は未亡人となっているバーフィールド夫人のもとで働くことになる。しかも、女主人との関係は、年々、密接になっていった。

こうして何日も、何週間も、何か月も過ぎていき、二人の女性は、女主人とメイドというよりは、友達どうしのように暮らすようになっていった。もちろん、エスターが女主人に話しかけるときに「奥様」という呼び方をしないことはなかったし、同じ食卓につくこともなかった。しかし互いが習慣として保っていて、どちらにとっても必要だった、このような社会的地位の違いを示す事柄が、二人の親密さを妨げることはなかった。

（第四十六章）

エスターのこの老後の姿は、使用人の生活としては理想化されたものだが、従来の「堕ちたメイド」の図式が、ここではかなり変わってきているのは明らかだ。エスターはたしかに、雇い主ではなく自分と同じ階級の人間と関係を結んだので、「分不相応」なことはしていないが、ひとりで子供を育て、その勇気と強さが認められ、評価されて、最終的には雇い主とほとんど対等な関係で暮らすという、「階級を超越した」生活を手に入れることになるのである。

女主人とエスターとのこのような関係は、主人と使用人とのあいだにはっきりとした線が引かれていた十九世紀以降でも、レイディーズ・メイドと女主人とのあいだに実際に存在していた、親密な関係である。アメリカ生まれの富豪、ウォルドーフ・アスター（一八七九〜一九五二）のアメリカ人の妻で、イギリスの国会議員でもあったナンシー・アスター（一八七九〜一九六四）と、レイディーズ・メイドを務めたロジーナ（愛称ローズ）・ハリソンとの関係も、かなり親しいものだった。ローズは一九七五年に『ローズ――使用人としての私の生涯』（邦題『おだまり、ローズ――子爵夫人付きメイドの回想』）という題名の自伝を発表したが、それによると、彼女は最初からレイディーズ・メイドの職につこうと準備をしていた。母親はランドリー・メイドで、大きな屋敷に勤めた経験から、最初はハウス・メイドかキッチン・メイドになって、そこから昇格すればという娘の案に反対した。他の子供たちよりも数年長く学校に行かせ、さらにフランス語の個人授業さえ受けさせた。ローズは十六歳になると、近くの町で女性服の仕立て屋の見習いとして働き、十八歳でメイドの職についた。ただし、ここまで準備しても、最初から屋敷の奥様つきのレイディーズ・メイドになるのは無理で、屋敷の娘の「ヤング・レイディーズ・メイド」、あるいは「勉強部屋つきメイド」と呼ばれた職についたのである。ローズがレイディーズ・メイドになることにこだわったのは、最初から高い地位につきたかったからではなく、幼いころから「旅をしたい」という夢があったからだった。当時のワーキング・クラスの女性にとって、それはかなり大それた夢だったが、ローズの母親はそれを夢として笑いとばさずに、男性ならば従僕、女性ならばレイディーズ・メイドになれば、主人の供をして広く旅をすることも可能だと言って、ローズの夢を叶える手助けをしたのだった。

こうしてローズは、最初はヤング・レイディーズ・メイドから始まり、何度か屋敷を移ってからレイディ・アスターの娘のメイドとなり、最終的にはレイディ・アスターのレイディーズ・メイドに昇格して、主人が死ぬまで仕えた。レイディ・アスターはかなり気性の激しい、わがままな女性だったので、ローズはたとえ昇格を意味しても、最初は彼女のレイディーズ・メイドになるのを嫌がる。しかし、ローズがあまりにも有能なメイドであるため、「娘のフィリスが自分のことを自分でするようになれないから、娘のためにもよくない、娘にはもっと経験の浅いメイドを与えたい」と、レイディ・アスターに言いくるめられる。ローズ自身も、必要なときには自己主張をして主人と口論もするような、かなり気の強い使用人であり、そこがかえってレイディ・アスターに気に入られたようだった。ローズは決して自分の地位を忘れることはなかったが、女主人と堂々と口論し、かと思えば、次の瞬間には二人で笑いころげるといったことが繰り返された。レイディ・アスターの最期について、ローズは次のように書いている。

私は一緒にいるときにはずっと奥様の手をにぎっていました。手を握る強さを変えることによって、私たちは互いになにか伝えることができたと思っています。お休みなさいと奥様にキスをするときには、奥様が少し強く手を握ってきたように思います。奥様が痩せられると、腰が痛くならないように、奥様の腰骨の下に手を入れて支えました。奥様は看護婦の手で姿勢を変えられるのをとても嫌がって、「ローズ、やめさせてちょうだい」と叫んだものです。

（二五九ページ）

レイディ・アスターが息をひきとった翌朝、娘のフィリスはローズを起こしにくるときに、ローズが泣き崩れるのではと心配していた。ローズは気丈に耐え、もうこの屋敷での自分の仕事は終わったと、身支度をするが、去る前にレイディ・アスターの寝室に入って最後の挨拶をする。実の娘よりも主人の近くにいて、共に生きていたのである。

女主人とレイディーズ・メイドの関係がつねにこのような親密なものだったわけではないのは明らかである。ローズ自身も、レイディ・アスターの前の雇い主、レイディ・クランボーンについて、「使用人との階級の違いをはっきりと意識していました」と書いており、それは彼女が「定義上でも、言動でもまぎれもないレイディだったからです」と、肯定的に解説している。しかし優秀なレイディーズ・メイドは、女主人の洋服や靴はもちろん、宝石の管理も任されており、分別があり頭脳明晰で記憶力が良く、事務能力にも優れている必要があった。そのような「宝」を手に入れたら当然、主人はメイドを大事にするし、彼女の判断力を信頼するから、他人や、家族にさえも言わないようなことまで打ち明けるようになる。相手が使用人であって、自分とは階級が違うという安心も手伝うから、なおさらだ。家族とも距離をおき、べたべたとした肉体関係を築くことをしない上流階級にとって、乳母、従僕、そしてレイディーズ・メイドがもっとも近い存在になるのも不思議ではないのである。

第一次世界大戦後、富豪の館以外の家から使用人が姿を消すようになって、最後まで残ったのは乳母と料理人、そしてメイドだった。たとえば「メアリー・ポピンズ」のシリーズでは、ミドル・クラスの銀行員バンクス氏の家にも、この三人はそろっている。女性の使用人のほうが男性よりも安く雇えるし、使用人を扱うのに慣れていないような家の女主人にとっても、女性のほうが扱いやすかった。もう少し上の階級の、より大きな家でも、執事や下男を置かず、パーラー・メイドに玄関をあけさせ、来客を案内させる家もあった。ひとつの家に雇われている使用人の数が減るにつれ、当然ハウス・メイドやパーラー・メイドの仕事が増えていく。また、十九世紀においては、ひとりでも使用人を雇っているということが、ミドル・クラスであることの証だった。したがって、ワーキング・クラスからあらたにロウワー・ミドル・クラスに入ってきた家では、食費を削ってでも使用人を雇う必要があり、使用人は当然、メイドだった。メイド・オブ・オール・ワーク（なんでもするメイド）と呼ばれたこの種のメイドは、文字通り、家のことをひとりですべてやらなければならず、またの名スレイヴィー（slavey　slave＝奴隷から来る。十九世紀初頭から使われた言葉で、もとは男性の使用人をも指していたが、のちに、何でもやらされるメイドを指す言葉となった）とも呼ばれた。彼らの多くはきちんとした訓練を受けていないうえ、自分とそれほど階級が違わない主人家族やその客に敬意を払わず、信頼もできないなど、評判が悪かったが、その仕事も生活もきわめて過酷で悲惨だったことも確かである。そもそも訓練を受けていないので手際が悪いところに、大きな館のような役割分担も監督者もなく、仕事がうまくこなせないのも無理はなかった。使用人と一緒になって女主人が台所に立つこともあった十八世紀とは違い、こうした家の女主人は、どんなに時間があろうと、自分の面子のためにも使用人に手を貸すことはしなかった。戦後に使用人の数が減るにつれて、どの階級の家でも、メイドの生活はますます辛いものになっていったのである。

ハウスキーパーの章でも述べたように、第二次世界大戦後には、ロンドンなどの都市の小さな世帯では、クック・ジェネラルと呼ばれる、ひとりで料理も掃除もこなす使用人を雇うことが多かった。しかし、外食産業が盛んになったり、簡単に使える調理器具が次々と発明されたり、アッパー・ミドル・クラスの女性でも料理をするようになるにつれて、住み込みの料理人の需要もなくなっていく。また、子供を自分の手で育てることが奨励される風潮が強まると、よほど裕福か共稼ぎの家でなければ、乳母もいらなくなる。最後まで需要が残るのは、掃除をするメイドであった。小学校のころから教室を自分たちで掃除するように躾けられている日本の読者にとって、掃除こそ自分でできることだと思われるかもしれないが、イギリスでは寄宿学校でも、自分たちの寝室を生徒が掃除することはない。「プロ」に任せるべき仕事とみなされているのである。学校などの公共施設だけでなく、一般の家庭にも週に何度か行って掃除をする女性は、チャーウーマン charwoman あるいはチャー char と呼ばれている。日本語では「派出婦」と訳せるかもしれない。イギリスのチャーウーマンにはひとつの独特のイメージがある。まず、年配であるが体力はある。仕事に熱心で手を抜かない。常識的で実際的、うわさ話は好きだが、ぐちは言わず、賢くて陽気で抜け目がない。こうして並べて見ると年齢の要素を別にすると、これは伝統的にイギリスにおけるワーキング・クラスの人々（特にロンドン）について抱かれるイメージでもある。アメリカの作家ポール・ギャリコ（一八九七～一九七六）の『ハリスおばさんパリに行く』（一九五八年）という小説はまさにこの、「イギリスのチャーウーマン」を扱ったものである。

リンゴのように赤い頬、白髪まじりの髪、そして抜け目のない、いたずらっぽいとさえ言える小さな目をした小柄で痩せた女性は、その朝のロンドンからパリへ向かう英国航空の便に、顔を窓にくっつけて座っていた。……彼女はいささかくたびれた茶色の綾織りのコートと、茶色の木綿の清潔な手袋を身につけ、使い古された合成皮革の茶色のハンドバッグをしっかりと抱えていた。……彼女の元気あふれる性格が表われているのは帽子だけだった。それは緑の藁でできていて、正面には巨大で派手なバラが、よくしなう茎の先に揺れていた。……一時間単位で家を磨いて掃除してくれるあの独特な「日雇いの女性たち」を一度でも使ったことのある聡明なロンドンの主婦なら、いや、それよりもイギリス人ならば誰でも、「あの帽子をかぶっている女性は、ロンドンのチャー以外のなにものでもない」と言ったことだろうし、その推測は正しいのである。

（第一章）

ギャリコの描くハリス夫人（ロンドンのワーキング・クラスの訛り、コックニーを話すので、自分ではHarrisのHを発音せず、「アリス夫人」と呼んでいる）は、ロンドンの典型的なチャーなのだが、雇い主のひとりが持っているクリスチャン・ディオールのドレスの美しさに目を惹かれ、自分でもそのようなドレスを所有したいという、とんでもない夢を描く。イギリスのワーキング・クラスにとって、大金を手にする可能性を少しでも提供するのは、サッカーくじであった。ハリス夫人は見事くじで賞金を得るが、それではまだ足りない。しかし持ち前の人柄の良さと人なつっこさで多くの友人を得て、その友人たちの助けでパリに渡り、念願のドレスを手に入れることに成功する。ドレスを持って意気揚々とロンドンに戻って来るが、雇い主のひとりに懇願されてドレスを貸してしまい、悲惨な状態で戻されて落胆する。しかし、ドレスそのものよりも、それを手に入れるまでに手を貸してくれた人々の暖かい友情が最大の宝だと気づいて満足するという物語である。

このハリス夫人の物語はベストセラーとなり、ギャリコはその後『ハリスおばさんニューヨークへ行く』(一九六〇年)、『ハリスおばさん国会へ行く』(一九六五年)『ハリスおばさんモスクワへ行く』(一九七四年)を出版した。ギャリコのハリス夫人(アメリカで出版されたタイトルでは Mrs 'Arris となっているが、イギリスでは Mrs Harris となっている)はかなり理想化されているが、現在でも見ることのできる、イギリスの使用人のひとつのタイプである。ただし、従来の使用人と違って、彼らは雇い主と対等につきあう。彼らを雇う場合、「雇う hire」という言葉は禁句で、彼らが「来てやる oblige」という表現が使われる。「月曜と木曜に来られます」"I can oblige on Mondays and

Thursdays"といった具合である。他の章で言及した、イギリスの村を舞台にしたミス・リードの小説や、M・C・ビートンの探偵小説アガサ・レーズンのシリーズなどに、村でひとり暮らしをする女性が優れたチャーウーマンを探して手に入れるというエピソードが書かれているが、いずれの場合も、チャーウーマンはいわば分を知りながらも、自分がいなければ雇い主の家は埃にまみれてしまうことを知っていて、優越感を抱いている。ホテルなどでも昔は、こうしたチャーウーマンが掃除をしていたものだが、現在は、外国からの移民が多くなっているのも、イギリスにおける時代の推移を表している。

ちなみに、日本の「メイド」は、イメージとしてはどちらかというとフランスのメイドに近い。メイドという存在自体がエロチックな要素を含むのは、前にも書いたとおりだが、現在では性的なコンテクストで「メイド」を論じる場合、それは特にフランスのメイドということになっている。五つ星ホテルを舞台にしたイギリスで人気のあったドラマシリーズ「ホテル・バビロン」(二〇〇六~二〇〇九)では、部屋の掃除係のメイドにチップをはずみ、下着姿で掃除をさせて、ながめて楽しむ客のエピソードがあったが、その客は「ミスター・マツイ」という「日本人」であった。日本におけるメイド嗜好を反映したプロットかもしれない。激怒したハウスキーパーが、メイドの代わりに筋骨隆々のバーテンダーを掃除に送り込むというのがオチだった。

第5章　従僕と下男――孔雀(くじやく)の出世

下男

流行の先端を行くご婦人が、下男をその身長と体形と、ふくらはぎの形だけで選んだ場合、雇い主の家族に対して愛着に欠けている使用人を雇ってしまっても不思議はありません。そういう下男は、主人の馬車の後ろに立つ自分の見栄えの良さと、主人のお供をして夜遅くまで外にいなくてはいけないということだけで、法外な賃金や、ぜいたくな食事や、役得をもらう権利を得たと思ってしまうのです。

ビートン夫人が下男についてこのように『家政書』に書いているとおり（第四十一章「使用人」）、

下男は使用人のなかでも特に、その外見で選ばれることが多かった。彼らはまず、背が高い必要があった。慈善家で社会問題研究家でもあったチャールズ・ブース（一八四〇～一九一六）は、ロンドンのワーキング・クラスの生活を調査した『ロンドンの人々の生活と労働』（第一版、一八八九～九一）の中で、下男の平均的な収入について次のように書いている。

下男の賃金は、その働きぶりよりも、身長と外見に左右されることのほうがはるかに多い。身長五フィート六インチ（一六八センチ）の第二下男ならば、年収二〇～二二ポンドくらいだが、身長五フィート一〇インチ（一七八センチ）や六フィート（一八三センチ）の下男だったら、二八～三〇ポンド以下の賃金では満足しないだろう。同様に、身長の低い第一下男は三〇ポンド以上は期待できないが、身長が高ければ、三二～四〇ポンド要求することができる。

（『第二シリーズ――勤労、第四巻』「第二部――使用人の仕事」）

下男の収入は、その身長によって決まっていたのである。しかし彼らはなぜ背が高い必要があったのか。下男の仕事には家の中の仕事と、外の仕事の二通りあった。家の中では、食卓の準備や食器磨きのほかに給仕、来客の応対もした。家の外ではおもに主人の伝言や手紙を届けること、そして主人一家のボディガード兼お供を務めた。J・ヘクトの『十八世紀イギリスの使用人階級』によ

窮地におちた下男
ジョン・トマス：おーい、御者！　ブリンカーズさん！　止まってくれ！　屋台のロバが脚に嚙みついてきて、ふくらはぎに詰めた藁を引っぱりだしやがる。（『パンチ』1864年9月17日）

ると、十八世紀には下男は特に用がなくても、主人の友人や知人をまわり、主人の代わりにご機嫌伺いを行なった。この習慣は“how d'ye”（「ご機嫌いかが」）と呼ばれていた。また、主人の外出のお供をする場合は、その家のお仕着せを着て馬車の後ろに立った。目的地に着くと、下男は相手の家のドアをノックし、主人の名前を告げる。そして戻ってきて、主人のために馬車のドアを開ける。暗くなると、たいまつを持って道を照らす役目もした。さらに、追いはぎや盗賊から主人を守る役目も担っていた。十八世紀にはまた、ランニング・フットマン running footman と呼ばれる下男もいたが、彼らの役目はその名のとおり、伝言や急ぎの手紙を持って走ることだった。主人が使用人を何人も連れて馬車で移動する時には、特に用がなくても馬車の先頭を走って、通行人の目を引くこともあった。十八世紀の初頭には、主人が自分たちのランニング・フットマンを競争させて賭をすることもあったという。こうなると彼らの存在はまさに人に見せびらかすためのものであり、したがって、雇われている家の豊かさを誇示するような、豪華で目立つお仕着せを着せられていたのである。しかし十九世紀以降は、このような派手なお仕着せを着たランニング・フットマンは見られなくなっていった。道路の状態や交通手段が改善されるとともに、人間が馬車よりも速く走ることが不可能となり、また、その必要もなくなっていったからだと、ヘクトは書いている。

このように下男は、家の中と外で実にさまざまな仕事をこなすことが要求された。また、アッパー・サーヴァントではなくても、客の取り次ぎや主人のお供などで、主人と同じ階級の人々の目にとまる機会が多かった。客に姿を見せることが許されないメイドと違って、下男の数は簡単に見せつけることができたのである。したがって、大きな家では、必要以上の数の下男を雇って華やかなお仕着せを着せ、富を誇示した。このように見せ物の要素があったから、下男は堂々とした体格で、背が高く、しかも身長が揃っている必要があったのである。

フランク・ヴィクター・ドーズは、その著書『使用人の前ではやめて——階上と階下の生活』で、下男について次のように書いている。

ビロードの膝丈のズボンとシルクのストッキングをはいて、髪に粉をつけた下男は、使用人のなかの「孔雀」であった。この恰好は一九三〇年代まで、下男の正式なお仕着せだったのである。

（第五章、六四ページ）

十九世紀に入って、男性は長ズボンをはき、脚を見せることがなくなった時代でも、大きな家の下男の多くは、このような時代錯誤的な恰好をして、脚を露出していたのだった。したがって、身長だけでなく脚の形の美しさも、よい下男の条件であったことは、冒頭に挙げたビートン夫人からの引用からも明らかである。ただし、ビートン夫人は前の章にも書いたとおり、使用人をひとり雇うのがやっとといったロウワー・ミドル・クラスの出身であり、『家政書』が想定していた読者も、使用人の使い方や家の管理について知識のない、ミドル・クラスの新参者が主であることを考えると、「下男云々」の記述は、豪華なウミガメのスープのレシピ同様、読者に上流階級の生活を垣間見せ、あるいは、自分もその階級の一員であるという幻想を与えて楽しませる手段だったのだろう。下男を雇うことのできないミドル・クラスの家では、ディナー・パーティのときに近所の店員（食料品店主が多かった）を臨時に雇い、下男のふりをして給仕をさせることもあった。

じっさい、下男はプライドが高く、ビートン夫人やその読者の階級の人間を明らかに見下すことでも有名だった。見栄えで選ばれ、大きな家では必要以上の数が揃えられるので空き時間が多く、お供として外出しても、主人を待ってぶらぶらしていることが多い下男は、遊び好きで、主人や客以外の人間に対しては不躾で傲慢であるという、悪名高い存在でもあったのだ。十八世紀イギリス

男前の八百屋（夜会で給仕を務める）：今晩、レイディ・フィツウィグルのお宅でお目にかかれますかね？
（『パンチ』1876年12月16日）

の研究家ドロシー・マーシャルは、下男についての論文で、次のように書いている。

反抗的な使用人について新聞に投書したのは、下男が手に負えなくなっている紳士方だった。メイドは家の中では厄介な存在になりえたとしても、下男のように、公共の場で迷惑な存在になることはなかった。ふんぞり返って歩いたり、通行人を押しのけたりすることはなかったからだ。

（「十八世紀の使用人」、『エコノミカ』第九巻、二五〜二七［一九二九年］、一七ページ）

態度が悪いだけでなく、下男は自分が外見で選ばれているのを充分承知しているので、見栄っ張りで虚栄心が強いというイメージも定着していた。彼らはじっさい、身なりや髪型を整えるのにかなりの時間を費やしていたし、自分の外見や身長をひじょうに誇りに思っていた。紳士が髪に粉をかける習慣がすっかり廃れた十九世紀後半にも、下男は髪に粉をつけていたが、これは多くの時間を要するし、さらに彼らはそのために、ほとんど毎日髪を洗う必要があった。

チャールズ・ディケンズの小説『荒涼館』に、バケットという名前の刑事が登場する。イギリスでは一八二九年に最初に警官隊が組織され、一八四二年に最初の刑事八名が任命された。バケットは小説に登場する初めての刑事だと言われており、実際の刑事同様、ワーキング・クラス出身である。彼は手がけている事件について調べるために准男爵サー・レスター・デッドロックの館に出向き、下男から情報を聞き出そうとするのだが、下男は新しく組織された警察に対して何の敬意も抱いていないうえに、バケットのような階級出身者を相手にしないので、話をするのに苦労する。バケットはまず下男の身長を尋ねて虚栄心をくすぐり、自分の父親も下男から執事、家令になって、引退後は宿屋の主となったんだと、下男にとって理想的な出世コースを語って親近感を抱かせてから、相手の体格を褒めて、彫像のモデルを探している芸術家の友人がいるんだけどどうかと言ってさらに虚栄心を煽ることによって、相手の口を軽くさせ、必要な情報を得ることに成功するのである。

下男の虚栄心が高いのも無理はなかった。彼らは服装だけでなく、その振舞いにおいても、見る者の目を意識していた。エリック・ホーンは『執事が見て見ぬふりをしたこと』の中で、「古き良き下男」について、次のように語っている。

二人の揃いの下男が馬車から降り、ドアまで行進し、もしノッカーが二つついているドアならば、二人でノックする（前もって練習してあるのだが）、そして威風堂々と馬車まで行進して戻って、ステップを下げて、ご婦人方が馬車から降りる手伝いをするのだ。

（第一章、一一ページ）

ご婦人：暇をもらいたいですって！　まあ、トマス、何が気に入らないんだい？　また有塩バターを食べさせられたって言うの？
「上品な」下男：いえ奥様、そうではありません。ただ、奥様、ご主人様が先週乗合馬車の二階にいるところを見たという人がいまして、もちろん、そんな家にこれ以上いるわけにはまいりませんので！
（『パンチ』1859年5月14日）

このような下男のもったいぶった仰々しい態度は、ルイス・キャロル（一八三二～九八）の『不思議の国のアリス』（一八六五年）にも描かれている。

アリスは一分ほど立ちつくして家のほうを眺めながら、次に何をするべきか考えていました。そのとき突然、お仕着せを着た下男が森から走り出て来ました（お仕着せを着ていたのでアリスはそれが下男だと思ったのです。でなければ、顔を見ただけでは魚だと判断したでしょう）。そして、大きな音をたてて、こぶしで玄関のドアを叩きました。ドアを開けたのは、やはりお仕着せを着て、丸顔で蛙のような大きな目をした、別の下男でした。二人とも巻き毛に粉をつけていることにアリスは気づきました。これから何が起こるのかたいへん興味があったので、森から少し出てきて、耳をそばだてました。

魚の下男は、脇の下から、自分と同じくらいの大きさの手紙をとりだして、ものものしい口調で次のように言いながら、もうひとりの下男に手渡しました。

「公爵夫人へ。女王様から、クロケーをご一緒にという招待状」

蛙の下男は同じくものものしい口調で、少し語順を変えてこう言いました。

「女王様から。公爵夫人へ、クロケーをご一緒にという招待状」

そして二人とも深々とお辞儀をしたので、お互いの巻き毛が絡まってしまいました。アリスはこれを見てあまりにも大笑いしたので、彼らに聞かれないように、森へ駆けて戻っていかなければならないほどでした。

（第六章「豚と胡椒」）

ようやくアリスがまた森から顔を出すと、魚の顔の下男は姿を消しており、もうひとりの下男はドアの外に座って、暇そうにぼんやりと空を眺めている。アリスがドアを叩いても、開けてやる素振りも見せないのである。

十九世紀後半には、下男の誇示的な仕事はむしろ減っていき、家の中の仕事が中心となっていた。とはいえ、前述のように下男は、アッパー・サーヴァントでなくても、つねに主人やその客に見られる存在だったので、外見はやはり大事だったのである。

下男を複数雇っている家では、女主人の世話をするのが役目の、レイディーズ・フットマンと呼ばれる下男がいることが多かった。これは家によって、第一下男が務めたり第二下男が務めたりした。彼らは女主人のために、朝一番に紅茶、そしてその後に朝食を寝室まで運び、女主人の犬の散歩をして、靴を磨き、服のすその泥を払う。場合によっては、女主人がその日に使う銀貨を磨くこともしたという。下男は、本名にかかわりなく「ジェイムズ」（「ジョン」や「チャールズ」の場合もある）と呼ばれることが多かった。第一下男がジェイムズの場合は、第二下男チャールズ、といった具合である。第一下男は第二下男とともに、テーブルのセッティングをし、食事の給仕をした。また、大きな家のおびただしい数の銀器を磨き上げるのも、下男の仕事だった。第三下男は、石炭や薪を運んだり、他の二人の下男の仕事の手伝いをした。

エリック・ホーンは、その著書『続・執事が見て見ぬふりをしたこと』の中で、ある貴族の女性が第一下男を雇ったときの様子を描写している。

> レイディ・ウォルシンガムは、男性の使用人についてはこだわりを持っていた。彼女の下男は全員身長が六フィートで、髪に粉をつけていた。
> 下男を雇う際には、部屋の中を何度も往復させて、歩くさまを観察した。
> （七七ページ）

女王様から公爵夫人への招待状
ジョン・テニエルの挿絵

こうして面接を行ない、前の雇い主に対して、「飲酒癖はあるか」「メイドに手を出す癖はないか」「臭くはないか」と質問を書き送り、その答に満足したレイディ・ウォルシンガムは、この下男を第一下男として雇うことにする。再び彼女の前に呼び出されたこの新しい下男に対して、レイディ・ウォルシンガムはいくつかの注意事項を伝える。

「私に何か言うときには、頭を少しかしげなければなりません。そんなに硬くなってはいけません。私の前から下がるときも、そんなに唐突にしてはいけません。まず一歩後ずさりして、かかとを揃えて、頭を軽く下げるのです。さあ、やってごらんなさい。」

（七九ページ）

こうしてこの下男は二週間後には、レイディ・ウォルシンガムの第一下男として名前をジェイムズと改め、豪華なお仕着せに身を包んで、仕事に就くのである。

第一下男は、食事のときには女主人の椅子の後ろに立って給仕をし、女主人がよそでディナーをとる際も、お供をして、椅子の後ろに立つのが仕事だった。さらに、女主人の使うブラシや鏡の銀の部分を磨くのも下男の仕事だった。現代の日本では、「お嬢様」にひとりひとりついて身の回りの世話をする、若くて美男の「執事」が漫画の題材として人気を集めているが、彼らはむしろイギリスの下男に近い存在なのである。

このように見栄えが良くて、身のこなしも優雅であるように訓練され、女主人の後ろにお供のように控えているのだから、雇い主と使用人のあいだになんらかの性的関係が生まれることも予想されるわけで、小説や芝居にそのようなテーマが表われるのも不思議ではない。

サミュエル・リチャードソンの小説『パメラ』を、ヘンリー・フィールディングが『シャメラ』というパロディの対象にしたという話はメイドの章で述べたが、そのフィールディングが『シャメラ』の刊行の翌年、一七四二年に、「パメラの兄」を主人公とした『ジョゼフ・アンドリューズ』という小説を書いている。『パメラ』の続編やパロディが次々と出版されるなか、フィールディングは男女を逆転させ、今度は、女主人に誘惑される下男を小説に書いたのである。ジョゼフは十歳のときに、『シャメラ』に登場する、シャメラの主人ブービー氏のおじの、サー・トマス・ブービーの家に、使用人の見習いとして入る。十七歳になると、レイディ・ブービーに気に入られて、彼女つきの下男となる。レイディ・ブービーの寝室に呼ばれたジョゼフは、裸でベッドに寝たままの女主人にベッドへ招き入れられそうになり、必死で抵抗する。怒ったレイディ・ブービーに部屋から追い出され、貞操の危機に悩んだジョゼフは、妹のパメラに手紙を書いて相談するのである。レイディ・ブービーは再びジョゼフを誘惑しようとするが、ジョゼフが貞操を固く守って応じようとしないので、激怒のあまり解雇する。ジョゼフは幼なじみで許嫁のファニーのもとへ戻ろうと、旅に出る。
この小説が『パメラ』のパロディであるだけでなく、「執事」の章でも言及した、旧約聖書のヨセフの話のパロディでもあることは明らかである。しかし、一貫して『パメラ』のパロディである『シャメラ』と違って、『ジョゼフ・アンドリューズ』は、屋敷を出た後はおもにジョゼフが道中でさまざまな冒険にあうという、いわゆるピカレスク小説となっており、作品としてもより完成している。

このように、見栄えで選ばれ、お仕着せを与えられ、主人にも目をかけられ、さほど仕事も忙しくない下男の職は、使用人としては比較的楽に思われるかもしれない。家の中では、銀器を磨いたり（これは力がいる）石炭などの重たいものを運ぶといった、肉体労働をしなければならないが、身長一八〇センチ以上の立派な体格の男性に要求される仕事としては、軽いほうである。しかし、彼らの生活もそう楽なものではなかった。彼らは女性の使用人からはなるべく離れたところに部屋があてがわれた。理由は言うまでもない。メイドたちが家のてっぺんの屋根裏部屋に寝泊まりするので、下男たちは地下に入れられた。人数が多ければ寝室の数が足りず、使用人部屋に二、三人がごろ寝したり、食料貯蔵室や階段の下で寝なければいけない場合もあった。チャールズ・ブースは、下男について、次のように書いている。

空気の悪いところで寝泊まりすることからくる新鮮な空気の欠如、豪華な食事、そして労働や運動の不足から、彼らは当然のように何か刺激を求めるようになる。その結果、多くの男性使用人は最終的に飲酒に慰めを求める。賭け事も頻繁に行なわれる。堕落した場合、男性の使用人はもっとも始末が悪いと言えるかもしれない。

（『第二シリーズ――勤労、第四巻』「第二部　使用人の仕事」）

下男という存在自体も、他の使用人よりも早く消えていった。ブースは次のように説明する。

立派なお仕着せを着た男が正面玄関に立っていることはもはや流行ではなくなり、したがって、下男を雇うことが、その家の高い地位を示すということもなくなりつつある。今は小綺麗なパーラー・メイドが下男にとって代わったのだ。パーラー・メイドの賃金のほうが低いことが、彼女らが好まれる一因かもしれない。しかしその一方で、女性はこの仕事においては、男性ほど有能でないのも確かである。下男の仕事をメイドがするようになったのも、女性が安く雇えるからというよりは、男性の使用人に順応性が欠けているせいに違いない。

（同前）

甘やかされた使用人：たしかに雪が積もっていますな。でも私が持ってきたわけじゃないですからね。ハイド・パークの池の氷をはずせって言ってるようなものですよ、旦那。（『ファン』1877年1月31日）

下男がプライドが高くて、自分の仕事以外には手を出そうとしないことが、彼らがメイドにとって代わられた理由だと、ブースは分析しているのである。一方、下男が昇格してなる従僕や執事は、二十世紀になっても必要とされていた。

従僕

第一下男をある程度務めると、いよいよ従僕か執事として、アッパー・サーヴァントの仲間入りを考えることができた。一八八〇年の『使用人の手引き』には、従僕の役割について、次のように書かれている。

> 従僕は一般的には独身の紳士、あるいは年配の紳士が雇うものであり、既婚の紳士は、貴族かかなり裕福ではないと、あまり雇うことはない。独身の男性は執事が必要であるが、執事と下男を雇っている場合は、執事が従僕の役を務める。年配の紳士は、家で雇っている男性の使用人のほかに、従僕を雇う必要があることが多い。というのは、いくつもの仕事を抱えている執事は、つねに主人ひとりについて気を配っていることができないからだ。（第十九章）

つまり従僕は、ひとりの男性の主人に仕えて、その身の回りの世話をする存在であり、したがって、雇い主とかなり親密な間柄になりうる人間なのである。また、従僕は主人の肉体的な世話をするだけでなく、相談相手も務めるし、ときには主人を脅かす存在でもあるというイメージがある。この理由のひとつとしては、従僕にはそもそも外国人、特にフランス人が多かったことが挙げられるだろう。じっさい、一八一〇年に、カンバーランド公爵の雇っていたフランス人の従僕が主人を刺殺しようとしたという事件が起こり、フランス人の従僕が特に危険視されていた時期もあった。

この時代は、「しゃれ男」beauと「色男」buckが社交界の中心となっていた。彼らは身だしなみに異常なほどの金と時間をかけ、持ち物ひとつひとつにこだわりを見せて趣味のよさを誇り、しかもきわめて社交的で、人づきあいを得意とした。そして、そのような主人に仕えている従僕も、流行に敏感で、センスが良くて、服の手入れや主人の身だしなみの世話に長けていなければならなかった。その日の主人の予定を聞いて、適切な服を選び、すぐに着られるようにきちんと並べるのも従僕の仕事だった。また、当時の洋服は、男女とも、ひとりで着たり脱いだりするのがひじょうに難しいものだったので、従僕や下男が手を貸す必要があったのである。

従僕の役目は、男性の洋服がずっとシンプルになった二十世紀になっても、そう変わらなかった。

椅子の上に、雇い主のお洋服を置いて、その上に靴下と下着を乗せる。シャツにカラーのボタンとカフスのボタンを入れて、綺麗に畳んで椅子の背にかける。鏡台の左側にカラーとネクタイとハンカチを載せる。洋服を置いた椅子の隣に椅子をもうひとつ置いて、そこには靴と靴べらを置く。

（『続・執事が見て見ぬふりをしたこと』第九章）

女主人つきのメイドと同様、このような仕事はやはりイギリス人よりもフランス人が向いていると思われたのである。

しかし、従僕の仕事は、主人の着替えの世話だけではなかった。エリック・ホーンは、従僕の最も重要な仕事のひとつは、狐狩り用の衣装の手入れをすることだと書いている。また、狩猟にもお供をし、猟銃の弾をこめるのも仕事のうちであった。そのときも、機敏に行動する必要があった。扱いを誤ったり銃を落したりすると、爆発することもあったのである。

その日の狩猟が無事にすんでも、従僕の仕事は決して終わったわけではない。

その日の狩猟が終わると、従僕は急いで家に戻る。もし近道があれば、そこを通っていく。というのも、雇い主は猟場まで車で行くが、従僕は歩いていくので、朝は従僕のほうが雇い主よりも早く出発しなければならず、雇い主の部屋を片付ける暇もなければ、雇い主が狩猟から帰ってからのための、着替えを用意する時間もなかったからだ。

従僕は銃やその他の道具を、ブラシがけ用の部屋までもって行き、自分の泥だらけのブーツとゲートルを脱いで上履きを履くと、上の部屋まで駆け上がる。もし浴室を確保することができれば幸いだが、確保した後も、せっかく用意した風呂を、他の紳士にとられてしまうことがないように、見張っていなければならない！

（同前）

さらに、従僕は主人の旅行のお供もした。エリック・ホーンは、従僕は「祈禱書と同じようにやすやすとブラッドショー〔鉄道の時刻表〕を読めるようにならなければならない。汽車の路線を調べるのは従僕の仕事だからだ」と『続・執事が見て見ぬふりをしたこと』に書いている。さらに「雇い主がヨーロッパ大陸を旅する場合は、フランス語やスペイン語も少しは覚えるように」と勧めているのである。ここまで従僕は、主人に献身的であることが求められていた。

このように何から何までつくす従僕と言えば、イギリス文学でまず思い浮かぶのは、ユーモア作家P・G・ウッドハウスが創造した、従僕の鑑、ジーヴズである。現在では、「ジーヴズ」という単語はオックスフォード英語辞典に、「従僕」の意味で挙げられているほどである。ウッドハウスはきわめて多作な作家で、おもに戦前のイギリスの上流階級を舞台に、ユーモアあふれる短編小説や長編小説を七十年以上に渡って書き続けた。しかし、なかでももっとも有名で愛されているのは、やはりジーヴズのシリーズであろう。彼はバートラム・ウースターという、人が良いが頭脳明晰とはとても言えない上流階級の若い独身の紳士のもとで働いていて、ウースターが、その気だての良さのゆえにさまざまなトラブルに巻き込まれるのを、知恵と才覚によって救う。しかも、この一連の作品の特徴は、そのほとんどが、ウースターの一人称というかたちで書かれていることである。当時の若い上流階級の紳士のミーハーなスラングを散りばめて、いかにも頭の空っぽな、暢気な若者が語っているような口調で、好きでもない女性とうっかり婚約してしまったり、恐ろしいおばの怒りをかってしまったりといった窮地に陥るさまを語っている。さらに、お節介にも、まわりの友人のことも心配し、ジーヴズに相談する。そして、自分は何がなんだかわからないうちに、魔法のようにジーヴズがすべてを解決してくれるさまを、喜んで描いていくのである。彼は自分が生活のすべての点で完全にジーヴズに頼りきっていることを認めている。

たとえばジーヴズが最初にウースターに雇われたときのエピソードを描いた「ジーヴズにお任せ」（一九一五年）で、ウースターは次のように語っている。

例のジーヴズ、僕の従僕の話だけど、何と言ったらいいかな？　僕が奴にあまりにも頼りすぎだと言う人は多いんだ。アガサおばさんなんか、ジーヴズは僕の保護者だなんて言うんだ。でも僕に言わせりゃ、いいじゃない？　あの男は天才なんだ。カラーから上の部分をとったら並ぶ者はいないんだから。奴が来てから一週間もたたないうちに、僕はもう自分のことを自分でするのはいっさいやめたのさ。

こうして、すべてをジーヴズの手にゆだねてしまうウースターだが、ときにはジーヴズの意見に逆らうこともある。特に着る物について、流行を追うのが好きなウースターは、保守的なジーヴズと衝突することがめずらしくない。すると、次のような会話がなされる。


「失礼ですが、そのネクタイはいけません」

「何だって？」

「混色織のスーツに、そのネクタイは駄目です」

僕はショックを受けた。奴をこの点ではとうにぎゃふんと言わせたと思っていたのに。少し考えさせられた。つまり、今僕が折れてしまったら、昨晩せっかく奴に言ったことが水の泡になってしまう。そこで勇気を奮って言ってやったんだ。

「このネクタイがどうしたんだい？　以前にも嫌な目つきで見ていたな。さあ、男らしく言ってみろ！　何がいけないいんだ？」

「いささか派手でございます」

「とんでもない！　明るいピンクだ。それだけだよ」

「不適切でございます」

「ジーヴズ、僕はこのネクタイをするんだ」
「承知いたしました」
（「ジーヴスと招かれざる客」、『それゆけ、ジーヴス』所収）

ここでいったんジーヴズは引き下がるが、その後、例によって、みごとにウースターを窮地から救ってみせると、ウースターは感謝の印に、しぶしぶ問題のネクタイを処分するといった運びになる。こうして、上流階級の雇い主が、ワーキング・クラス出身の使用人に、服の趣味のことまで指示を受けるはめになるのである。

教養の点でもウースターはジーヴズにかなわない。むしろ、ウースターはもとから、教養を身につける必要を感じていないようにさえ思える。「執事」の章でも触れたが、そもそもイギリスの上流階級は、「知性」や「教養」とは無縁であるというステレオタイプを打ち出すのを好む傾向にある。十八世紀に、貴族の子弟が「グランド・ツアー」と呼ばれる旅行でヨーロッパ大陸を回り、有名な建築物を見学したり、各国の美術品を鑑賞し、それらを買い求めて帰ってきた時代においては、「教養」の追求は上流階級の子弟の教育の一環であった。しかし、政治的かつ経済的事情で「グランド・ツアー」の習慣がなくなり、イギリスの上流階級がつねに国内に目を向けるようになっていくにつれて、外国の文学や音楽、芸術についての知識を追い求める傾向はなくなるばかりでなく、自国の古典の知識さえもたなくなっていくのである。たとえば、男爵の娘であるナンシー・ミットフォードは、その半自伝的小説『愛の追跡』に、父親をモデルにしたといわれる、オルコンリー卿というエキセントリックな貴族を登場させている。オルコンリー卿は、家族に無理やり誘われて劇場に行き、はじめて『ロミオとジュリエット』を見ると感動して、子供のように泣きじゃくるのである。

「みんなあのいまいましい神父のせいだ」とオルコンリー卿は帰りの車の中で涙をふきながら、何度も繰り返した。「あの男、なんて名前だ、ロミオか。カトリック教徒なんかに任せたら何もかも台無しになるとわかりそうなものじゃないか。あの馬鹿な乳母もだ。あいつもきっとカトリック教徒だろう、あのうっとうしいばばあめ」（第六章）

文学だけでなく、彼らは自分たちの邸宅に飾られている一流の絵画や彫刻にも、「家の一部」として、特に注意を払わないし有り難がることもないというイメージがあるのは、「執事」の章で引用した『あっぱれクライトン』のト書きからも明らかである。また、三代モンタギュー男爵（一九二六〜二〇一五）はその回顧録『大邸宅に住んで金を儲ける方法』（一九六七年）の中で、友人のバース侯爵の、「私は絵についてはあまり興味がないんだ。所有するのは大好きだけどね」という言葉を引用している（第五章）。

イギリスの上流階級がこれほど「知性と教養」がないイメージを強調したがるのはひとつには、彼らが土地とのつながりを大事にし、家の中で本を読んでいる暇があれば、外に出て、狩や猟をしたり、領地を見回ったりすべきだという考え方があるからである。したがって、暇さえあれば「ためになる」書物を読んで、知識や教養を身につけようとはげむのは、ジーヴズのような、上昇志向の下層階級の人々ということになる。じっさい、ジーヴズは何かというとすぐに古代ローマ史やシェイクスピア、バイロンやバーンズなどの詩人を引用し、そのたびにウースターは「今のはなかなかうまいじゃないか。君が考えたの？」とジーヴズに無邪気に尋ねる。主人よりも服のセンスが良くて、「知性と教養」を身につけているジーヴズは、このように、一見、主人よりも「紳士らしい」存在のようだが、その懸命な教養の追求こそが、彼の階級の人間の特徴でもあるという意味で、やはり主人のような本物の「紳士」ではないのである。従僕は通称「紳士つき紳士」とも呼ばれるが、エリック・ホーンは、経験を積んだ従僕を評して次のように書いている。

洗練された服装をして、まったくもって紳士についている紳士に見えるが、どこか風体に「従順な犬」のような要素が見られる。だが、公園で彼女と散歩しているときには、本物の「紳士」だと思われないと腹を立てるのである。

（『続・執事が見て見ぬふりをしたこと』第九章）

このように、ジーヴズは優秀な従僕の典型であり、ジーヴズに身も心も頼りきっている雇い主のウースターとの関係も、けっしてめずらしいものではない。しかし、第二章でとりあげた、ジェイムズ・バリーの『あっぱれクライトン』のクライトンと同じく、このような優秀な使用人は、雇い主にとって脅威にもなりうる。そして、間違いなく雇い主よりも頭脳明晰で、雇い主に頼られているだけでなく、その私生活のすみずみまで知りつくしている使用人が、使用人の地位に甘んじて主人に忠実に仕えているのは、「封建的」な精神のためであるというのが、たとえばバートラム・ウースターがつねに主張していることなのである。じっさい、ウースターが、ちょっとしたことでジーヴズといさかいを起こし、あやうく見捨てられそうになっても、ジーヴズの「封建精神」が頭をもたげ、主人を窮地から救ってくれることになっている。もっとも、これは一人称で語るウースターの解釈であって、事件を解決すると、それに関わった人々から謝礼金をもらえることが、ジーヴズにとって、動機のひとつになっていることも明らかなのである。

主人と従僕との関係においてもうひとつ無視できないのは、性的な要素である。特に従僕は、下男が昇格してなることが多いので、見栄えが良く、優雅な物腰を身につけている。また、執事は少なくとも年齢が三十以上であることが要求されるが、従僕の場合は、実力さえあれば、若くてもなることができる。そのような若者が、結婚前の、独身の若者につねにぴたりとついて、主人の着替えを手伝ったり、風呂に入れたり、髭をそったりするのだから、主人と雇い主との関係に、やはりどこか性的な関係が示唆されるのも不思議はない。このような、雇い主と従僕とのあいだの力関係の緊張感とホモエロティックな要素とを不気味に描いたのが、ロビン・モームの小説『召使』（一九四八年）である。

ロビン・モーム（一九一六〜八一）は子爵で、法廷弁護士をつとめるかたわら、いくつかの小説、芝居、映画の台本などを書いている。作家のサマセット・モームは彼のおじで、おじと同様、ロビンも同性愛者だったが、それを異常とみなすように育てられていたために、自分のセクシュアリティを受け入れるのに苦しんだ。『召使』でも、主人とその従僕とのあいだの性的関係は示唆されているものの、明確にはされていない。

この小説は、リチャードという人物の一人称で書かれている。舞台は終戦後のロンドンで、リチャードは戦争から帰ってきて、出版社に務めている。そこに、やはり戦地から帰ってきた友人のトニーから連絡がある。トニーはロンドンに居を構えることにして、バレットという名前の従僕を雇う。バレットは最初から、完璧な使用人である。まず、トニーが借りた家の模様替えを行ない、闇市で食材を調達して豪華な食事を作る。トニーの身の回りの世話も何ひとつ怠らない。「身長は六フィート以上で、あんなに背の高い男が、あれほど繊細な身のこなしをするのには驚いた」とリチャードは感心する（第二章）。バレットを雇ったトニーは、大いに満足しており、「こんなに快適な生活を送ったことはないよ」とリチャードに語る。「でも、朝食をベッドでとることだけは拒否しているんだ。そこまではしたくないからね」

トニーにはサリーという名の婚約者がいた。ある日、リチャードはサリーに「話がある」と呼ばれる。

「どうしたんだい？」

「トニーを取られそうなのよ」

「他の女性に？」

「いいえ、他の男性に」

私はあっけにとられてサリーを見た。サリーはカクテルに口をつけた。

「バレットに取られそうなの」

（第三章）

サリーが語るところによると、バレットを雇ってから、トニーは家があまりにも快適なので、外に出たがらなくなったという。

「バレットは快適さでもってトニーを包み込もうとしているのよ。今度あの家へ行ってごらんなさい。バレットはトニーのことは何でもやってしまうの。料理をする、掃除をする、カクテルを作る、ラジオのスイッチを入れる、バスタブにお湯を入れる、靴を脱がせる。そう、トニーが自分でするのが面倒なものだから、バレットがトニーの靴を脱がせてスリッパを履かせるのだって見たわ」

私は笑い声を上げた。

「まるで完璧な使用人じゃないか。トニーの奴、気をつけないと、太った中年の独身男になっちまうぞ。でもだからと言って泣くことはないじゃないか」

「トニーに会ったでしょう。何か変わったことに気がつかなかった?」

「少し体重が増えただけだろう」

「彼は駄目になっているわ。リチャード、私にはわかるのよ。バレットの言いなりになっているのよ」

（同前）

リチャードが心配してトニーを訪ねて行くと、バレットがいつものように完璧なディナーを作っている。そしてディナーが終わると、バレットは居間に飲み物を用意してから、「明日の朝はいつもの時間にベッドに朝食をお持ちしましょうか？」と訊ね、トニーは「そうしてくれ」と答えるのである。

さらにバレットは、自分の姪のヴェラが職を探している間、一時的に家に置いてもらえないかと頼み、トニーは承知するが、ある日バレットの留守中に姪に誘惑され、彼女と情事を重ねることになる。リチャードからこの「姪」がじつはバレットの愛人であることを告げられたトニーは、ショックを受けて家を出、リチャードのところに身を寄せるが、リチャードが家をあけているときに、パブでバレットに出会う。バレットはヴェラが姪ではなく愛人だったことを認めつつも、自分自身もヴェラに騙されていたのだと語る。トニーはその言葉を信じてまた家に戻り、婚約者のサリーとも別れるのである。

同じ女性と寝て、同じ女性に騙されたという設定を作ることによって、バレットはトニーのいっそうの信頼を得ることに成功し、バレットのもとに帰ったトニーは、いよいよバレットの言いなりになっていく。しかも、彼らの関係に変化が起ったことをリチャードは見抜く。

二人のあいだの壁が取れたのだ。二人とも同じ女性と寝たのだ。もはや主人と使用人ではなくなっていた。二人とも独身男性だった。二人とも寂しかった。そして徐々にバレットは、トニーに必要なものを確保してくれる、信頼できる案内人となっていったのである。

（第十章）

次にリチャードがトニーを訪ねていくと、トニーはバレットと共に、台所でクロスワード・パズルをやっている。トニーはすっかり太り、顔はむくみ、皮膚も荒れている。バレットの態度も、以前のような慇懃なものではない。

「マートンさん〔リチャードの苗字〕も、私たちのこの気晴らしに加わってもらえますかね」と、バレットは忍び笑いをしながら言った。「マートンさんはクロスワード・パズルに興味をお持ちですか？」

「こんなにつまらないものはないね」

「僕たちのお気に入りの暇つぶしだよ」とトニーは急いで答えた。

（同前）

クロスワード・パズルは、ミドル・クラス、特にロウワー・ミドル・クラスの好む遊びだというイメージがあった（ただし、「タイムズ」など、アッパー・クラスが読む新聞でも現在はクロスワード・

パズルが掲載されているが）。トニーはいまや、バレットの居場所である台所で、バレットとともに、バレットの階級が好む気晴らしに夢中になっているのである。リチャードはトニーを夕食に誘うが、断わられる。せめて玄関まで送ってくれと言うが、「風邪気味なので」とバレットに止められる。トニーはバレットの顔を見上げながら「ごめんよ、リチャード」と言ったまま、立ち上がろうともしない。その表情を見て、リチャードはどこかで見たことがあるとふと思う。

あの表情をどこで見たか、私は翌朝思い出した。トニーの机の中にあった古い写真だ。トニーは十歳くらいで、疲れた顔をした、優しそうな女性の顔を見上げていた。

「これは誰だい、トニー？」と私は尋ねたのだった。

「ああ、これは僕の生涯の中で一番好きな女性だよ。僕が子供だったころ、本当に愛してくれたただひとりの人だ。もしできることならば、世界中のすべてのものを僕に与えてくれただろう人だ」

「でも、いったい誰なんだい？」

「僕の乳母（ナニー）さ」

（同前）

次にリチャードがトニーに会いに行くと、ある女性が訪ねてくる。一見して娼婦だとわかる。リチャードは最後にもう一度、トニーをこの家から連れ出そうとする。しかし、台所からバレットが「トニー、二人とも待っているよ」と呼びかけると、トニーはそちらを選ぶのである。

こうしてバレットはトニーを肉体的、精神的、そして性的な堕落へと追い込んでいく。バレットがなぜここまでするのか。この作品は、モーム自身の階級意識や性的な苦悩の表われだとも言われ、リチャードとトニーは、二人ともモーム自身の分身であるとも解釈される。しかしいずれにせよ、二十世紀半ばごろまでイギリスのアッパー・クラスで続いていた従僕の制度が、階級や主従関係だけでなく、このような性的な緊張関係を生み出しうるものであったのは明らかである。ウッドハウスの描くジーヴズにも、バートラム・ウースターに完全な影響力を及ぼしている点で、このような不穏な要素が見え隠れする。ウッドハウスの書いた、おびただしい数の軽いユーモア小説の中でも、ジーヴズのシリーズがもっとも読まれ続けるのは、この緊張感が理由のひとつなのだと言えるだろう。

『召使』は一九六三年に、ハロルド・ピンターが脚本を手がけ、ジョゼフ・ロージー監督のもとに映画化された。美男俳優ダーク・ボガードがバレットを熱演して、この人物に関して強烈な印象を観客に植えつけた。しかしボガードが演じるバレットは、いわば「魅力のある悪党」になっており、原作のもつ階級的な緊張感や、「典型的な従僕」であるからこそ主人に力をおよぼしていく、「使用人の脅威」の要素が薄くなってしまっている。モームもこの映画化には不満を表明し、一九六六年に新たに、この作品を劇として上演するために台本を書いている。

アイリス・マードック（一九一九〜九九）の晩年の小説『ジャクソンのジレンマ』（一九九五年）では、さらにこの「完璧な従僕」が主人のベネットに懇願されて「僕の使用人としてではなくて、今は友達として一緒にいてくれ」と懇願される。「それならば互いが対等でなければ」と答えるジャクソンにベネットは「それはもちろんだ」と応じる。それでも「ずっとここにいるかどうかは保証できない」とジャクソンは条件をつけるが、ジャクソンを失いたくないベネットはそれも受け入れ、「ならば試してみよう」というジャクソンの言葉に喜ぶ。しかしジャクソンがその場を去ると、ベネットは「この「申し合わせ」によって、しまいには自分の胸が張り裂けるような結果になるのではないか」と思い始めるのである（第十三章）。ジャクソンもウッドハウスのジーヴズのように、主人だけではなく、その友人たちの抱える問題を解決しようとする。友人にもつくしてくれる従僕を単純に喜ぶウースターと違って、ベネットは、それが面白くない。一度は癇癪を起してジャクソンを解雇する（いくつかの理由があるのだが）ベネットだが、ジャクソンが行き先も言わずに出ていくと深く後悔し、絶望に駆られる。その後偶然にジャクソンに会い、戻ってきてくれと頼むのである。こう書くと、ジャクソンはまるで、ウッドハウスのジーヴズと、モームのバレットを組み合わせた人物のように思えるかもしれない。しかしあくまでも主人との関係を仕事と割り切り、主人を助けるたびに金銭的報酬やチップを受け取るジーヴズと違って、ジャクソンは余分な金やチップを受け取ることを拒否する。彼はどこからともなく現われて、最初は警戒するベネットにつきまとったあげく、根負けしたベネットに、使用人として雇われる。「名前は？」と聞かれ、「ジャクソン」と答え「ファースト・ネームは？」と聞かれると、「ほかに名前はありません」と答える。


「どこから来たんだ？」

一瞬躊躇してから男は答えた。「南からです」

「今はどこに住んでいる？」

「まあ、あちらこちらです」

このときにベネットは自分がこれからひとつの何か不気味なつながり、あるいは関係さえ築くことになるのではないかという予感で身ぶるいした。（第三章）

しかしこの得体の知れない、いささか気味の悪いジャクソンは、バレットとは違う。彼はベネットとその友人に対して邪悪な目論見があるわけではなく、ただ彼らを助けたいだけであり、ひとつの使命として、何かに駆られるようにしてベネットのもとにやってきたのである。この小説においてジャクソンが何者なのか、何を象徴しているのかといった事柄にはいくつかの解釈がありうるだろうが、彼の存在が、イギリスにおける伝統的な「従僕」の表象にもとづいているのは明らかである。

主人やその家族と最も近い存在となりうる、こうしたアッパー・サーヴァントを論じる場合、階級の要素は避けて通れない。これはもちろん、レイディーズ・メイドと女主人の関係においても言えるが、従僕と主人の場合はさらに、男性同士の親密さが持ちうるセクシュアルな要素もつねに意識されるのである。男性同士の同性愛が、女性同士の同性愛よりも文学テーマとして顕著だったためだろう。階級の隔たりがあるからこそ、ある意味で安心し、相手に対して無防備となる。それはウースターとジーヴズのような微笑ましい男同士の友情ともなりうるし、使用人にすべてをさらし、尊厳を失い、「階級」という要素がなくなれば使用人よりもずっと劣った人間であることが明らかになる、トニーのような悲劇をもたらしうるのである。

第6章　乳母——影の実力者

子供たちが私にいてほしくないけれども、私を必要とする間はここにいます。子供たちが私にいてほしいけれども、もう私を必要としなければ、私はここを去らなければいけません。

これは一九六四年に出版された『マチルダばあやといたずらきょうだい』という本の中で、新しくブラウンさん一家にやってきた乳母、マチルダがブラウン夫人に言う言葉である。この本を書いたのはクリスティアナ・ブランド（一九〇七〜八八）という推理小説作家だが、話の内容はブランド自身が考え出したものではない。彼女の家に代々伝わる、ある乳母の物語を、ブランドが三巻の本にまとめたものである。

ブラウン一家はひじょうに子だくさんで、しかも子供たちはまったく手のつけられない腕白ばかりだ。ブラウン夫妻は斡旋所に行って新しい乳母を派遣してもらうが、あまりにも多くの乳母が次々とやめていくので、斡旋所も匙を投げる。そこにやって来るのがマチルダである。彼女はきわめて不器量な人物で、鼻は「二つのじゃがいも」のよう、大きな前歯が一本、「下唇の上に墓石のように」突き出ている。小さい茶色のカバンを持ち、大きな黒いステッキを握っていて、顔には「ひじょうに恐い表情」を浮かべている。

筋書きはメアリー・ポピンズを思わせるが、代々語り伝えられてきた話だけに、かなり脈略がなく、荒唐無稽である。子供たちの数も「数え切れない」ということで、正確な人数も名前もはっきりしないし、彼らのいたずらも、話を聞いている子供がいかにも喜びそうな、少々品のない、汚いものであることが多い。

マチルダはこうしてブラウン家にやってきて、子供たちの躾を始める。子供たちは最初はまったく言うことを聞こうとせず、いたずらを続けるが、マチルダがステッキで床を一突きすると、今度はいたずらをやめることができなくなり、マチルダがもう一度ステッキで床を叩くまで悪さを続けるはめになる。しまいには子供たちが自分から「良い子になりたい」と願うようにしむけるのである。

さらに、子供たちがこうやって良い子になっていくたびに、醜かったマチルダの容姿がだんだんと美しくなり、しまいには、彼女の一番の特徴だった前歯も抜け落ちる。しかもその抜け落ちた歯はどんどん大きくなって、大きなトランクに変身し、中にはおもちゃがいっぱい入っている。子供たちはおもちゃを夢中で取り上げるが、ふと顔を上げると、もうマチルダの姿は見えなくなっているのである。

ここで興味深いのは、メアリー・ポピンズと違って、マチルダは特に子供たちが喜ぶようなことをするわけではないことだ。不思議な魔法を使う点ではメアリー・ポピンズと同じだが、メアリー・ポピンズが子供たちに対して終始厳しい態度をとりながらも、魔法によって楽しい思いをさせてあげるのに対して、マチルダは子供たちがいたずらをするたびに魔法を使ってそれをやめられなくするだけであって、特に楽しい思いをさせるわけではない。この話がブランドの家にいつごろから伝えられてきたのか、その年代ははっきりしないが、ここには「子供には厳しく接するのが子供のためでもあり、子供たちもこうして厳しくされることを喜ぶ」といった、ヴィクトリア朝的な考え方が顕著である。

こうして子供たちは、自分たちを厳しく躾けてくれるマチルダをいつの間にか愛するようになるが、彼らが「良い子」になって乳母を必要としなくなるときは、乳母と別れるときでもある。いわば期限付きの使用人であるという点で、乳母は特殊な存在だった。乳母と子供たちはいつかは必ず別れなければならないので、互いに愛情を抱きすぎてはいけないのである。したがってマチルダも、最初にブラウン夫人に宣言したとおり、子供たちが自分にいてほしいと思い始めると、子供たちから去らなければならない。このマチルダの話を大人たちから代々聞かされた子供たちも、いつかはこうして自分たちも乳母と別れなければならないことを悟らされるのである。

じっさい、母親と違って乳母は子育てが仕事であり、それに専念することができるので、子供たちにとって、乳母というものはつねにそばにいてくれる存在だった。そもそも乳母になろうと思う者は当然子供好きが多いので、仕事であろうと、自分が面倒を見ている子どもたちに愛情を抱くようになる。自身は未婚で子供がいなくても、本能的に子供の扱いが上手で、子供たちに愛される人物が多かった。つまり、母親と違って、適性があるからこそ子供の面倒を見ているので、良い乳母と子供たちのあいだにはきわめて強い絆ができることになる。しかし、乳母は役目が終わったら子供のもとから去らなければならない。男の子の場合は七つか八つの年で寄宿学校に行くし、女の子であれば乳母の代わりに家庭教師が雇われることになる。これは両親の判断で一方的に行なわれるので、子供たちはある日突然、愛する乳母がいなくなる、という衝撃的なできごとを経験することになるのである。

この経験が子供たちにとってかなりのトラウマだったのも無理もない。二十四時間一緒だった人物がいきなり自分たちの前から姿を消すのだ。一方、両親と過ごす時間は、一日一時間程度だった。毎日の時間割が決められていたのである。ジェシカ・ジェラードの『カントリー・ハウス・ライフ』(一九九四年)によると、十九世紀の終わりごろ、アッパー・クラスの子供の典型的な時間割は次のようなものだった。

午前　七時　起床
　　八時　朝食
お昼まで　散歩
午後　一時　昼食
　　　散歩
　　四時（か五時）お茶
その後一時間　両親との時間
　六時（か七時）就寝

この時間割はきわめて厳格に守られていた。両親と過ごす時間が一日一時間というのは、現代人にとっては驚くべきことかもしれないが、逆に言うと、その間は子供は両親とたっぷり遊んでもらうことができたのである。当時の小説を読むと、この時間に子供とどう接してよいかわからず、苦痛で仕方がないという父親（母親の例はあまりない）が出てきたりするが、多くの場合、この一時間は、両親にとっても子供にとっても、きわめて楽しい時であったようだ。

しかし、両親と過ごすこの時間は一日の中の「楽しいイベント」的なものであって、子供たちの日常の中でもっとも身近で親しい存在は乳母だったのだ。この乳母がある日突然、理由もなくいなくなってしまうのは子供にとってまさに悲劇だった。彼らは何週間も泣き暮らして絶望的になり、あるいはどこかいけなかったのではないかと自分を責めるようになる。何らかの理由で乳母が途中でやめて新しい乳母が来た場合でも、子供たちは、新しい乳母も突然いなくなるのではないかという恐怖にかられて、なかなか新しい乳母になつかなかったりした。ジェラードの『カントリー・ハウス・ライフ』によると、たとえば十二代のベッドフォード公爵は、自分の最初の乳母がやめてしまったので、それからは生涯、愛するものが突然いなくなるのではないかという「喪失恐怖症」を振り切ることができなかったという（第二章、四一ページ）。『メアリー・ポピンズ』や『マチルダばあや』といった乳母物語では、子供たちが手がつけられないために、乳母が何人もやめていくという設定になっているが、こうして乳母が変わるからこそ、子供たちは情緒不安定であり続け、またいっそう手がつけられなくなるという悪循環になっていく。

特に繊細で神経質な子供は、新しい乳母になかなかなつくことができず、その結果、乳母に疎んじられることもあった。二〇一一年のアカデミー賞の最優秀作品、主演男優賞、脚本賞などを受賞した『英国王のスピーチ』は、エリザベス女王の父親ジョージ六世が、オーストラリア出身のスピーチ・セラピスト、ライオネル・ローグの力を借りて、吃音を克服する物語である。国王（治療を始めたときにはアルバート王子だったが）の吃音の原因が、心理的なものだと判断したローグは、彼の子供時代について不躾に質問していく。「子供のころ、一番親密だったのは？」と尋ねられて、王子は「乳母たち」と答え、さらに、ひとりの乳母が、兄のエドワードばかり可愛がり自分にはろくに食べ物を与えてくれなかったと、辛い子供時代の経験を口にする。この映画は史実に基づいてはいるが、すべてノンフィクションではない。しかしここで重要なのは、じっさいにジョージ六世が子供のころ乳母に虐待されたかどうかよりも、乳母に育てられたアッパー・クラスの多感な少年のエピソードとして、いかにもありがちで、同情できるものだということである。

子供たちにとって、たとえ最適の乳母が現われても、つねに子供たちは「別れ」を意識しなければならない。『メアリー・ポピンズ』では、ジェインとマイケルがメアリー・ポピンズに「ずっといてくれるよね」と確認する。この作品ではメアリー・ポピンズは、ジェインとマイケルが良い子になったのを見届けて去っていく第一巻のあと、読者の要望に答えてあと二回子供たちのもとに戻ってくるのだが、そのたびに子供たちは「ずっといてくれ」という願いを口にする。そしてそのたびにメアリー・ポピンズは「鎖が切れるまで」「ドアが開くまで」といった謎めいた言葉で答え、子供たちを不安にさせるが、この不安は、乳母に育てられる子供たちすべてが経験しなければならないものなのである。

『マチルダばあや』は二〇〇五年に『ナニー・マクフィー』という題名で映画化された。エマ・トンプソンが自ら脚本を書いて主演し、子供たちの父親のブラウン氏をコリン・ファースが演じている。ただし映画ではブラウン氏は妻を亡くした設定になっており、男手ひとつで七人の子供を育てているという、『サウンド・オブ・ミュージック』のような話になっている。たとえ子供が七人もいようと、母親がいれば子供の躾はできるはずだという現代的な感性に合わせて、ブラウン一家には母親がいない設定にされたのである。一九六四年に『メアリー・ポピンズ』がディズニーによって映画化されたときも、バンクス夫人は熱心な夫人参政権運動家で、毎日のように集会に出かけていくという設定になっていた。これは原作にはない要素であり、映画が放映されたときに、「意味がわからない」とかなり批判を浴びたが、この設定も、料理人も含めて使用人が三人もいる家で、一家の主婦が二人の子供の面倒を自分で見られないことに関して、なんらかの説明が必要だということから生じたものなのだろう。

じっさい、十九世紀後半から二十世紀前半までの、乳母の「黄金時代」においては、たとえ小規模のミドル・ミドル・クラスの家庭でも、子供の世話は使用人に任されていた。イギリスでは子供部屋のことをナーサリー nursery と言うが、それは家の中でひとつの独立した空間であり、ナニーがその支配者だった(乳母のことを「ナニー」と呼ぶ風習は一九二〇年代くらいに確立したと言われている)。大きな家では、ヘッド・ナース head nurse と呼ばれる、もっとも偉い乳母(ナニーと呼ばれるのは、このヘッド・ナースである)の下にアシスタントとしてアンダー・ナース under nurse がつき、さらに、掃除や洗濯をする下働きとして、ナーサリー・メイドと呼ばれる子供部屋つきのメイドが雇われていた。乳母は若いときにナーサリー・メイドとして職につき、ナニーに訓練されて仕事をおぼえながら、徐々にアンダー・ナース、そしてヘッド・ナースへと昇格していく。

子供は生まれたころからナニーの手に渡され、食事からトイレの躾まですべてがナニーに任されていた。ナニーはナイト・ナーサリーと呼ばれる、子供の寝室で一緒に寝る。朝起きると子供たちの洗顔を手伝い、服を着せ、朝食をとらせたのち、一日中子供たちにつきそうのである。しかもそれはたんに使用人としてつくのではなく、テーブル・マナー、口の利き方、身のこなし、部屋のあとかたづけなど、彼らの躾のすべてを行ない、完全に両親の代わりとなる。他の使用人と同じく、ナニーの大部分が、子供部屋つきのメイドから始めたワーキング・クラス出身だということを考えると、彼らはひじょうに大きな責任を負わされている。十九世紀に創刊された、アッパー・ミドルおよびアッパー・クラスの読者向けのイギリスの滑稽誌『パンチ』には、若いナーサリー・メイドが、主人の子供たちを乳母車に乗せて散歩に連れ出したはいいが、若い警官と話をするのに夢中で、肝心の子供のことがそっちのけになっている様子を風刺した絵が多い。そもそも若い女性の使用人は警官といちゃつくものだというイメージが、警察隊が創立された十九世紀以降から定着していったが、子供を連れて外に出る機会が多かったナーサリー・メイドには、特にそのイメージがあったのである。ちなみに日本では、イギリスの画家で、挿絵入り週刊誌『イラストレイティッド・ロンドン・ニューズ』の日本特派員だったチャールズ・ワーグマン（一八三二〜九一）が、『ジャパン・パンチ』（一八六二〜八七）という滑稽誌を発行していたが、その中に、日本人の子守女が警官と親しげに話している図が掲載され、「日本でも乳母が警官といちゃつくようになった」といった内容のキャプションがつけられている。

一九七二年に『イギリスの乳母の興亡』という本を書いたジョナサン・ゲイソーン＝ハーディ（自身も乳母に育てられた）によると、自分たちの子供の世話を完全に他人の手に、しかも下の階級の人々の手に任せるという風習は、ヨーロッパでは他には見られないイギリス独特のものだという。かつてイギリスにおいては、母性本能は動物的本能のひとつと見なされていたが、教育を受けていないロウワー・クラスの女性ほど、他人の子供に対しても何の躊躇もなく、このような本能を発揮することができるといった考えが、この習慣の背景にあるようだ。もちろん、アッパー・クラスの女性が、自分では乳をやらず乳の出る使用人の女性に任せる風習は、イギリスだけのものではない。ヨーロッパでは古代ギリシアやローマの時代から、裕福な家では、赤ん坊に乳をやるのは奴隷の役目だった。アリストテレスやキケロなどの思想家は、この習慣を強く非難したが、金持ちの特権という誇示的消費の意味からも、母親は自分の赤ん坊に乳をやろうとしなかった。ヨーロッパの貴族の女性で、わが子を母乳で育てたことで有名なのは、マリー・アントワネットである。当時フランスでは特に、ジャン・ジャック・ルソーの思想の影響で、母親が子供を母乳で育てるという概念が、アッパー・クラスにも広まりつつあった。アントワネットは、母親のマリア・テレジアの教えにそ

「ジェイン、あの警官に話しかけられてるのを見ましたよ。これで今朝三人目の警官じゃありませんか。こういうことは許しませんよ。」「はい、奥様。でも警官がみんな坊やが可愛いって言うんですよ。どうしても足を止めて坊やについていろいろ尋ねたいんですって。こんなに立派なお子さんは見たことがないって、言うんです！」(『パンチ』1889年11月9日)

警官が子守り女といちゃつくようになったら、日本の西洋化も完全だ。(『ジャパン・パンチ』1885年8月)

むいて子供を母乳で育て、アントワネットと仲の良かった、イギリスのデヴォンシャー公爵夫人もその例にならった。ルソーの影響はこのころはイギリスのアッパー・クラスにも広まっており、子供に母乳をやることによって、自らの母性本能や女性らしさを誇示する女性が、諷刺の対象になっていった。たとえば有名な風刺画家、ジェイムズ・ギルレイの作品に「流行の先端を行くお母様、あるいはいまどきの便利なドレス」と題された風刺画（一七九六年）がある（二二三ページ参照）。綺麗に着かざり、大きな羽根飾りをつけた女性が、胸の部分が開くようになっているドレスから乳房を出し、赤ん坊に乳をやっている。赤ん坊は若いナーサリー・メイドに抱かれており、母親に頭を押さえられているものの、きわめて不自然な姿勢で母親の乳を吸わされている。ナーサリー・メイドは赤ん坊に優しい、愛おしげな視線を向けているが、母親は「私って母性的でしょう」と言わんばかりに、こちらにちらっと視線を向けている。母親の後ろには「母性愛」という絵が飾ってあるが、そこに描かれているのは、恰幅のいい、ワーキング・クラスの女性が乳房をむき出しにして、抱いている赤ん坊に乳を与えている様子である。つまりギルレイの絵では、ルソーの影響によって「母性本能」が「女性」の特権として誇るべきものとなり、アッパー・クラスの女性も「母性本能」を誇示したがるようになっていっても、本当に「母性本能」を持ち合わせているのはワーキング・クラスの女性であるとして描かれているのだ。

このように、主人の赤ん坊に乳を与える役目の乳母はウェット・ナースと呼ばれ、その仕事は純

MATERNAL LOVE
The Fashionable Mamma, _or_ The Convenience of Modarn Dress
Vide The Pocket Hole, &c.

枠に、乳をやるだけだった。メイドの章でもとりあげた、ジョージ・ムアの小説『エスター・ウォーターズ』の主人公エスターは、自分の子供を他人に預けてウェット・ナースの職を得るが、子供をじっさいに育てる過程には一切干渉しない。子育てを任せられた乳母は、「ウェット・ナース」に対して「ドライ・ナース」と呼ばれていたが、ただ「ナース」と言った場合は「ドライ・ナース」を指す。そしてこの、ワーキング・クラス出身の「ドライ・ナース」が、子供が自由に動き回り言葉を発するようになる大事な時期に、子供の成長のすべての面の管理を任され、その権限は、子供が十代になって学校に行くか家庭教師がつくころまで続くというのが、イギリスの乳母のユニークな点だと言われるのである。

じっさい乳母になる女性は、たとえ生まれながらの動物的母性本能が備わっていたとしても、自分自身が教えられたことのないアッパー・クラスのマナーや話し方などを子供に教えなければならないという、たいへんな任務を背負うことになる。子供部屋では絶対的な権力を持っているにもかかわらず、しょせん子供たちよりは階級が下で、子供たち自身も、成長するにつれてそのことを充分に理解するようになるので、彼らの仕事はいよいよやりにくくなる。

行儀作法などは乳母が知識をもっていれば、それを子供に伝えることに問題はないが、厄介なのは話し方だった。言葉づかいには気をつけることができても、出身階級の発音はそう簡単に変えることができないのである。一八九四年に出版された『使用人の仕事』では、母親に向けて、乳母のワーキング・クラスの発音を子供がおぼえてしまうとなかなか直せないことが、繰り返し強調されている。

乳母が子供部屋つきメイドとして雇われた時には、彼らが出身階級の発音のままに話しても特に問題はないように思えるかもしれません。しかし何年かたって乳母に昇格すると、その影響はひじょうに大きなものとなります。

多くの母親は、子供が小さいころに乳母のワーキング・クラスの発音がうつってしまっても、もう少し大きくなったら修正できると考えていたらしい。この本の著者は、それは大きな誤りだと指摘している。

乳母によって教えられた下品な言い回しは、家庭教師か母親が注意を払って直すことが可能です。しかし言葉の強い訛りは、子供がいったん身につけてしまうとそのまま一生つきまとい、きわめて不愉快な鼻声のような声になります。これは、後からどんなに手をつくしても直せるものではありません。

したがって乳母選びも慎重にしなければならないと、この本の著者は指摘している。乳母のなり手は基本的にワーキング・クラス出身者なのだから、ワーキング・クラスの発音で話さない乳母を見つけるほうが難しいと思われるが、そのなかでも、耳がよくて発音をある程度修正できるような娘を雇うべきだということなのだろう。

そのせいか、子供部屋で働くメイドたちは、トップのナニーはもちろん、若いメイドでも、他の使用人から「気取っている」「偉そうだ」と不評をかうことが多かった。主人の子供たち自身は、子供のうちはまだ無邪気で、ある意味「階級を超えた」存在であり、台所や使用人部屋などに遊びにくると、使用人に可愛がられる場合が多かった。その際も、「こんなところで何をしているのです」と彼らを階上に連れ戻すのがナーサリー・メイドたちだった。前の章でも触れた、レイディーズ・メイドのロジーナ・ハリソンは、その回顧録『ローズ』で、ナニーについて、次のように述べている。

子供を育てるのが上手なナニーでさえ、他の使用人たちからはひじょうに嫌われることもありました。彼らは主人の世界にも私たちの世界にも属していませんでした。つまり私たち使用人の仲間ではないし、主人でもない、中途半端な存在だったのです。我々のところよりも小規模な家では、ご主人や奥様と夕食を共にしたり、夕食後は彼らと一緒に居間で時間を過ごすこともありました。ご主人にすぐに話ができたし、階下で起こっていることを告げ口することができじっさい、そうすることもありました。それに台所のスタッフに対して、自分たちが世話をしている子供たちのために、特別な食事を、迷惑な時間に要求するのです。彼らはまた、うぬぼれやで、気取りやでした。

（第七章、一五〇～五一ページ）

モニカ・ディケンズは『なんとかしなくちゃ』の中で、カントリー・ハウスの、まさにそういった嫌われ者のナニーについて書いている。

あの制服を着た女たち、「乳母たち」はいつも誰かと諍いを起こしていた。チルフォード・ハウスには三人しかいなかったけれども、それでも十分に迷惑な存在だった。子供の育て方について雇い主に抗議していないときには、子供部屋に送られた食事を突き返し、最高に忙しいときに、とんでもなく手のこんだ料理を要求して、私たちの生活を地獄にしていた。かと思えば、子供部屋にほんのわずかな埃でも発見しようものならば、三人で大騒ぎして、ルイス夫人〔ハウスキーパー〕に苦情を言いに行くのだった。

（第九章、一一九ページ）

『使用人の仕事』には、乳母として「若い淑女乳母」young-lady nurseか、「淑女の寡婦」を雇うという方法も提示されている。「淑女乳母」とは、「大勢の娘を抱えた家族の、育ちの良い娘」であり、普通の使用人よりは格が上で、昼食は家族と一緒にとることになっていたらしい。ハリソンの引用で「ご主人と奥様と夕食を共にする」乳母は、おそらくこのタイプの乳母が多かったか、あるいはこのタイプの乳母を雇った経験のある雇い主の家での習慣だったのだろう。「淑女乳母」も、仕事の内容は普通の乳母と変わらず、「生後一か月」から子供の面倒を見る。『使用人の仕事』では、「母性本能というのは決してワーキング・クラスの女性のみが持つものではなく、むしろ逆」なので、淑女であっても、充分に乳母の務めは果たせるはずだと、わざわざ説明しているのが興味深い。

しかしこの「淑女乳母」は例外的な存在であり、乳母はやはり圧倒的にワーキング・クラス出身者が多かったし、子供たちも少し大きくなると、十分にそのことを意識していた。たとえば、スコットランド生まれの小説家カンプトン・マッケンジー（一八八三～一九七二）の自伝的小説『シニスター・ストリート』（一九一四年）では、子供（マイケル）とその乳母のあいだで次のようなやりとりがなされる。

「あなたのお母様は今お留守です。そして、お留守の間は私があなたのお母様なのよ」と乳母は、いつもにもまして年寄りじみて皺だらけで猿のような顔をして言った。

「お母様だなんて、なんてことを言うんだ」と、息子は憤慨のあまり息を切らせながら答えた。「おまえはお母様なんかじゃないよ。淑女でさえないんだから、お母様になれるわけがないんだ。」
　すると乳母はいきなり泣き出し、マイケルを大いに困惑させた。そして気がつくと彼は乳母をほとんどあやしており、ひどいことを言ってごめん、と謝っていた。黒い子猫をいじめて謝ったときのように、自分がこうして反省していることに、ちょっとした快感を抱いていたのである。

（第一巻、第五章）

　自分を育てている乳母が、自分よりも明らかに階級が下だと子供が認識し始めたとき、子供の側にも乳母の側にもきわめて複雑な感情が湧き起こってくる。そして多くの場合、乳母は子供たちに対して圧政的に振舞うことによって、自分の権力を確かなものにしようとし、子供たちはそんな乳母にますます反感を露にするといった、不健全な関係が展開されていく。マッケンジーのこの小説では、父親は不在で、母親もほとんど家にいない。したがって、子供時代を扱った部分で一番大きな存在となるのは、この乳母なのである。しかし、たまに姿を見せる美しい母親と比べて、乳母は年老いて醜く、うるさいので、一番近い存在として愛情を抱きながらも、その容姿や、自分への世話のやき方に対して嫌悪を抱く。育てる者と育てられる者とのあいだの、こうしたアンビヴァレントな関係にさらに、階級の要素が加わるのである。

モニカ・ディケンズは『マリアンナ』(一九四〇年)という小説の中で、子供たちが自分たちの乳母の「ワーキング・クラス的」な言葉づかいを揶揄し、祖母に叱られるというエピソードを書いている。「ジョークのつもりだったのに」と言いわけする孫に対して、「それならばナニーも一緒に笑えるようなジョークのほうが良いでしょう」と諭され、子供たちは自分と使用人たちの階級の違いを徐々に受け入れることを学んでいく。

ナニーに対する、このような階級を意識した考え方は、たとえば『くまのプーさん』で有名なA・A・ミルン(一八八二〜一九五六)が、息子のクリストファー・ロビンのために書いた『私たちが子供だったころ』という詩集の中の「子供部屋の椅子」という詩の一節にも見られる。

I'm a great big lion in my cage,
And I often frighten Nanny with a roar.
Then I hold her very tight, and
Tell her not to be so frightened –
And she doesn't be so frightened any more.

僕は檻の中の大きなライオンだ。
　そして大声でナニーを脅かしてやるんだ。
　　それからナニーをしっかり抱きしめて、
　　　そんなに怖がらなくていいって言ってやる。
そうしたらナニーはそんなに怖がらなくなるんだよ。

ここには、ナニーに対する強い愛情が描かれているが、同時に、自分を育ててくれる存在でありながら、ナニーが自分よりは弱い存在だと子供が感じていることもわかる。だまされやすく臆病なナニーを、子供がなだめてやっているのである。また、原文の最後の行 she doesn't be so frightened any more はあえて文法が間違っているが、これは教育を受けていないナニーの言葉づかいをそのまま反映したものだろう。この詩の中で、ナニーが登場するのはこの一節だけだが、この節は、うまく韻を踏んでおらずきわめて散文的であり、他の箇所とは明らかな対照をなしている。

この詩集でもっとも有名な作品は「甘ったるい」「感傷的」「子供を理想化している」などとさんざんに非難された「夕べの祈り」であろう。

「夕べの祈り」

小さな男の子はベッドの端にひざまずき、
小さな手の中に金髪の頭をかしげる。
静かに、静かに！　ひそひそ話はだめですよ！
クリストファー・ロビンがお祈りを言っているのだから。

「神様、ママをお守りください」これでいいんだったよね。
今日のお風呂は楽しかったよね。
水はあんなに冷たくて、お湯はあんなに熱くって。
おっと！「神様、パパをお守りください」忘れちゃってたよ。

もうちょっと指を拡げて見てみたら。
ナニーのガウンがドアにかかっているのが見えるんだ。
きれいな青だけど、フードがついていないんだよ。
おっと！「神様、ナニーを守って、良い子にしてあげてください」

ぼくのガウンにはフードがついてるよ。ぼくはベッドに横になって
フードを頭からかぶるんだ。
そして目をつぶって、小さく丸くなるから、
ぼくがそこにいるって誰もわからないのさ。

おっと！「神様、すばらしい一日をありがとうございました」
それからもうひとつ、何を言わなきゃならないんだっけ？
「パパをお守りください」はもう言ったし、なんだったっけ？
ああ、思い出した。「神様、ぼくをお守りください」

小さな男の子はベッドの端にひざまずき、
小さな手の中に金髪の頭をかしげる。
静かに、静かに！　ひそひそ話はだめですよ！
クリストファー・ロビンがお祈りを言っているのだから。

（A・A・ミルン『私たちが子供だったころ』）

この詩はP・G・ウッドハウスをはじめとする多くの作家に笑いものにされ、ここで歌われているクリストファー・ロビンは可哀そうなことに、一生この詩のことでからかわれ続けた。ミルン自身は、子供のシニカルな面を歌ったつもりだと抗議したが、たしかによく読んでみると、けっしてセンチメンタルでも、子供を理想化しているものでもないことがわかる。寝る前にお祈りをしている子供は、まず、自分を今晩お風呂に入れてくれた母親のことを祈り、それから、母親についてくるものとして、やっと思い出したという感じで父親のことを祈る。次にナニーについて祈るのだが、彼女については彼女を良い子にしてください、とつけたしている。ナニーは彼にとって、両親と違って、完璧ではない存在という意味で同等であり、毎日ずっと一緒にいる存在であるからこそ、改善の余地があり、もっと良い子であるようにと神に祈りたくなる存在なのである。

じっさい、ナニーという人物がときにはきわめて不愉快な、ときにはサディスティックな存在であったことは、当時の小説や自伝を読んでも明らかである。たとえば、ナニーを描いた最初の小説のひとつといわれる、キャサリン・シンクレア（一八〇〇～六四）の『ホリデイ・ハウス』（一八三九年）という児童向けの本がある。一九七二年に再版されたときの序文によると、この本は、手のつけられないいたずらな子供たちを主人公にした、最初の本であるという（ヘイミッシュ・ハミルトン社、バーバラ・ウィラードによる序文)。主人公のローラとハリーは幼いころに母親が病死し、そのショックで父親も家を出て外国を旅している。子供たちは祖母とおじに引き取られ、クラブトリー夫人というう恐ろしいナニーの手で育てられているのである。ローラとハリーは決して性根が悪い子供ではない。しかし好奇心が強く衝動的なために、子供部屋を火事にしたり、よそ行きの服を台無しにしたりと、次から次へとトラブルを起こしてしまい、クラブトリー夫人の体罰を受けることになる。

「あの人は叩くのがあんなに好きなんだから、軍楽隊の鼓手になればよかったのに。乳母というものが発明されて以来、あんな暴君は見たことがないよ。」

(第一章、三ページ)

ここでの話し手は子供たちのおじなのだが、彼は子供たちが乳母によって折檻されることを心配するどころか、かれらを甘やかさない良い方法だと、喜んでいるのである。子供たちの父親も、クラブトリー夫人の躾の仕方に関して、何の危惧も抱いていない。

クラブトリー夫人が子供たちを心から愛しているのはたしかだし、彼らのためならば水火をも辞さないだろう。ただ少し厳し過ぎるかもしれないね。一回目の過ちを許さなければ、二回目は起こらないだろうというのが彼女の考え方なんだ。おそらくその通りだろう。いずれにしても、君〔子供たちのおじ〕やお母様があの子たちを甘やかすだろうから、あの厳しさがちょうどいいんだ。だから君もお母様も彼女の「やり方」にはほとんど干渉しないようにお願いしたいね。

（一章、三ページ）

子供たちには少し年の離れた兄、フランクがいるが、フランクに関して父親は、「あの子はもう、子供部屋で躾をする年ではないから、必要があれば学校で鞭打ちを受けるだろう」と、こともなげに言葉を続ける。

そしてここに、アッパー・クラスおよびアッパー・ミドル・クラスの子育てに対するひとつの考え方がはっきりあらわれている。つまり、子供は厳しく躾け、子供のころから苦労をしないと立派な大人になれないというものである。これはイギリスでは中世において、どの階級の人間であっても、まず他人に仕えることをおぼえないとよい指導者になれないとして、子供を里子にだしたという習慣の名残といえるかもしれない。まったくの他人だからこそ、両親の代わりとなって、このような厳しい躾ができるのだという考え方は、イギリスの教育のもうひとつの特徴である「寄宿学校」に見ることができる。さらに、まだ幼い子供たちにとっては、同時に優しさも必要である。ワーキング・クラスの女性として母性本能が備わった乳母は、子供の教育にうってつけの存在だったのである。

『ホリデイ・ハウス』はもともとは、『マチルダばあや』と同様、子供たちに語って聞かせる一連の物語だったものを、書き足して本にまとめたものだった。したがって、それぞれの話にあまり脈略はなく、子供たちのいたずらがエスカレートしてたいへんなことになるといった、いかにも子供が聞いて喜びそうな話ばかりである。ただし、本として出版する際にシンクレアは、大人の説教や宗教的な考察などを書き足し、ヴィクトリア朝の読者に受け入れやすい形態にしていった。子供たちの祖母やおじは、直接子供たちに体罰を課すなどといった「野蛮」なことはしない。そういう行為は乳母や学校の教師に任されている。しかし、効果的な言葉でもって、本人に悪いことを悟らせ、反省させるという役割を持っているのである。子供たちが何か良いことをした場合に、誉め上げるのも彼らの役目である。

一方、乳母は言葉を発する際も小言しかいわず、褒めることはめったにない。何か嬉しいことがあっても、「調子にのるとよいことはない」などと、すぐに水を差すようなことを言う。主人の子供たちに接するために、言葉遣いや発音を主人の階級に合わせてはいても、しょせんはワーキング・クラス出身で、語彙も少なく、表現力も豊かではない。だから、乳母の口から出るのは、ことわざや使い古された言い回しばかり、というのが、乳母のまたひとつのイメージである。ジョナサン・

ゲイソーン＝ハーディの『イギリスの乳母の興亡』には付録として、「ナニー語録」がついている。

ナニーが嫌がる質問をした場合——たとえば、年齢を聞くなど

「質問をしなければ、嘘もつかれませんよ」

子供が黙りこくってしまった場合。

「ネコに舌を持って行かれたんですか？」

「『できない』なんて言葉はありません」

「テーブルから肘を上げなさい」

「子供は見られるもので、（声が）聞こえるものではありません」

「どんなものでも置き場所があるのだから、どんなものでも置き場所に戻しなさい」

「朝食の前に笑う人は、寝る時間には泣いています」

「そんな顔をしているときに風向きが変わると、どうなるかわかってますね」

（子供がふくれっ面をしているときに言う。一生ふくれっ面のままになってしまうということ）

（付録Ａ「ナニーがよく言う言葉とよくすること」三三〇〜三六ページより）

ここに挙げた諺や言い伝えはもちろん、ナニーだけが使うものではない。しかし、これらの使い回された表現はイギリス文化においてクリッシェ（陳腐な表現）として嘲笑の的にされる。立派な教育を受けていないナニーは、使える語彙も表現も限られているため、子供とコミュニケーションをとるときに、このようなクリッシェに頼らざるを得ないのである。

裕福な家庭では、子供たちが成長した後も、乳母をハウスキーパーの手伝いのような形でおいておくことも可能だった。たとえばウィンストン・チャーチルの乳母のエヴェレスト夫人は、チャーチルが七歳で寄宿学校に送られても家に残り、のちには彼の祖母のロンドンの家でハウスキーパーとなって二十年勤め、年金をもらって引退した（ウィンストン・チャーチル『わが半生』一九三〇年）。また、娘のいる家庭では、娘に家庭教師がついていても、乳母をそのまま雇い続けることがあった。その場合乳母は家庭教師という新参者をライバル視して娘との絆をいよいよ強くし、家庭教師がきわめて仕事がしにくくなることがよくあったらしい。娘が成長してもナニーをずっと置いておき、娘が結婚して子供を産むと、今度はその子供の面倒を見ることさえあったようだ。

「料理人」の章でもとり上げた、ナンシー・ミットフォードの小説『神の賜物』には、まさにそのようなナニーが登場する。この作品で主人公のグレイスは六歳のときに母親を失っているのだが、その時に自分が特に悲しいと思わなかったことを、大人になってから思い返し、ショックを受ける。父親が子供部屋にやってきて、涙を流しながら母の死を告げたときにグレイスは本を読んでいて、「邪魔をされたことを腹立たしく思った」ことを覚えているだけである。それほど、当時のアッパー・クラスの子供にとって母親は遠い存在だった。一方、ナニーはグレイスの話し相手であり、グレイスがつねに気にかける存在であり、生活の中の大きな部分を占めている。グレイスの結婚相手はフランス人で、子供が生まれたのち一家はパリで暮らすことになるが、当然ナニーも一緒である。外国嫌いで、外国のものをすべて警戒するという、ワーキング・クラスの特質を持っているナニーの機嫌をいかにとるかというのが、グレイスにとって最も気がかりな問題である。すぐにフランスに出発しようという夫に向かってまず口にするのはナニーのことだ。

「まずはプロヴァンスに行くから、服は木綿で十分だよ。どちらにしてもパリに着いたらすべて新調しなければならないからね」
「ええ、でもナニーはなんて言うかしら」
「さあね。飛行機は十二時だから、マルセイユ行きの夜行列車に間に合うよ。ここを九時に出よう。もうすべて手配したし、車も頼んである。去年頼んだパスポートの用意はしてあるよね」
「ええ、でもナニーが……」と哀れなグレイスは泣き声を上げげた。

（『神の賜物』第四章）

フランス人の夫にとって、ナニーが何を言うかなどは問題にならない。しかし「ナニーがなんと言うだろう」というのは、イギリス人にとってはきわめて重要なことだったのである。ゲイソーン＝ハーディは『イギリスの乳母の興亡』の中で、軍隊の士官が作戦会議の席で「ナニーだったらなんて言うだろう」と話している一コマ漫画について触れている。ナニーの言うことが必ずしも正しくなくても、教養や知識のなさ、偏見や紋切型の考え方を反映していても、「ナニーはどう思うか」ということをまず考える習慣が、アッパー・クラスやアッパー・ミドル・クラスのイギリス人にはできてしまっていたのである。

戦後、こうした昔ながらのナニーは他の使用人とともに、イギリスから姿を消した。とはいえ、自分の子供の面倒を人の手に託すという習慣はやはり残っていて、夫婦で外出したり、仕事をしたりしている間の時間に、ベビー・シッターや、オーペアと呼ばれる家事手伝いに子供の世話を託す家庭は少なくない。オーペアはヨーロッパの国から若い女性が語学研修の目的でイギリスにやって来て、一般の家庭に無料で住まわせてもらう代わりに、家事を手伝ったり、子供の面倒を見るという制度である。裕福な家庭では今でも「ナニー」を雇っているところがあるが、この場合のナニーは、イギリスの伝統的なナニーとは違う。専門学校でナニーの訓練を得た、まさにプロフェッショナルな乳母なのである。

乳母の訓練のための学校そのものは、以前から存在していた。第一次世界大戦後、一九二〇年代に創立したものが多いが、たとえば乳母の訓練校としてはおそらくもっともよく知られているノーランド・コレッジは一八九二年にバースに開校した。子供を育てるのに、児童心理学や医学などの専門的な知識が必要だという認識が、イギリスにも広まりだしたことの結果である。特に興味深いのは、ノーランドは、「生まれも育ちも淑女」の若い女性を乳母として訓練するという目的を持っていたことである（ゲイソーン＝ハーディ『イギリスの乳母の興亡』）。もちろん、ノーランドで訓練を受けた女性は、「淑女」の階級の出身者ばかりではなかった。むしろ「淑女」は少数派だったが、それまではワーキング・クラスの出身者が主だった乳母という仕事に、「淑女」がつくこと自体が画期的であり、子育てに対する考え方の変化がはっきりと表われているのである。ノーランドの創立者であるエミリー・ワードは、学生が卒業するときに「新しい勤め先には銀の背のついたヘアブラシを必ず持っていきなさい。他の使用人に尊敬されますから」と言っていたという。

イギリスのBBCで一九八一年から八三年にかけて放映された、「ナニー」という連続ドラマがある。一九三〇年代のイギリスを舞台に、離婚したアッパー・ミドル・クラスの女性が、ナニーの養成学校に行き（ドラマの中で、「銀の背のついたヘアブラシ」への言及があり、ノーランドを意識しているのが明らかである）、ナニーとして、さまざまな家でさまざまな子供たちと出会う様子を描いた、一話完結型のドラマである。女性が仕事を持つことが難しかった時代に、ノーランドのような学校は、新たなキャリアの可能性を提供したのだった。こうして乳母は現代では、専門知識を持った、子育てのプロフェッショナルとなっていくのである。

「現実」の例を挙げると、二〇〇四年の秋から冬にかけて、イギリスのチャンネル4という民間放送局で「スーパーナニー」という番組が放映された。ひじょうに人気を集めたこの番組は、手に負えない子供のいる家庭を、二十年のナニー歴を持つ「スーパーナニー」ジョー・フロストが訪れて、子供の躾の仕方を両親に伝授するという、視聴者参加型の「リアリティTV」と呼ばれる類のものである。一九八〇年代の人気番組に、バーバラ・ウッドハウスという犬のトレーナーが、躾のできていない犬を持つ家庭を訪れて、躾の仕方を教えるというものがあったが、それを彷彿とさせる。専用のナニーを雇う財力のない一般家庭にとって、このような番組はきわめてありがたいものであったらしく、たいへんな高視聴率を得た。この番組はアメリカにもわたったほか、フランス、ドイツ、オランダ、シンガポール、インドネシアなど、さまざまな国で独自のバージョンが放送された。日本ではいまだにないのは、他人に子供の躾を任せるという習慣が日本人にとってあまりなじみのないものだからかもしれない。

一方、アメリカではナニーを雇う習慣は本場のイギリス以上に広まっている。広まっていると言っても、もちろん金持ちの家庭に限ったことであり、母親が専業主婦であっても、子供の世話はナニーに任せるのが自分たちのステータスの確認となるのである。つまり、戦前のイギリスのアッパー・クラスやアッパー・ミドル・クラスの家庭の習慣が、いまや海を渡って、アメリカのアッパー・クラスに見られるようになったのだ（アメリカでは「クラス」を決めるのは財力なので、「アッパー・クラス＝金持ち」ということになる）。

そのアメリカで、一九九三年から一九九九年まで放映されていた「ザ・ナニー」という人気テレビ・ドラマがある。ニューヨークのクイーンズ地区出身の若いユダヤ系の女性が、ひょんなことから、妻を失った裕福なイギリス人に、三人の子供のナニーとして雇われる。ナニーの経験もないし、訓練もまったく受けていない主人公は、最初のうちはいろいろ失敗を繰り返すが、子供たちに愛され、家族の一員となっていき、しだいに雇い主との恋が芽生えるというラヴ・コメディである。この場合は、ナニーの雇い主は金持ちだが妻を失い、男性ひとりでは子育ては無理なので、ナニーが助けに来るという設定になっている。しかも「ザ・ナニー」の場合は、最終的には家族の一員、新しい母親となるという展開なので、基本的には「他人に子供を任せる」という、イギリスの伝統的なナニー像を踏襲しているわけではない。

ステータスとしてのナニーを扱ったアメリカの作品としては、二〇〇二年に出版された『ナニー日記』（邦題『ティファニーで子育てを』）という小説が知られている。序文によると、共著者のエマ・マクローリンとニコラ・クラウスは「ニューヨークの三十以上もの家庭で」ナニーとして働いた経験を持ち、その経験から得たインスピレーションがこの本を生んだということだった。ニューヨークの高級住宅地でパートタイムのナニーとして働く、大学生のナンが主人公のこの小説は、ニューヨークにおけるナニーの仕事を三つのタイプに分類する。

タイプA。日中はずっと仕事をして、夜は一晩中子育てをする共稼ぎの夫婦に、週に何度か「二人の時間」を作ってあげること。タイプB。ほとんど毎日昼も夜も子育てに従事している女性に、週に何度かの午後、「正気の時間」を作ってあげること。タイプC。仕事も子育てもしない女性に、一日二十四時間、週に七日間、「自分の時間」を作ってあげる、大勢のスタッフのひとりとなること。彼女が日中何をしているかは、スタッフの誰も知らない。

（第一部、第一章）

ナンはもちろん、タイプCのナニーである。彼女は白人のうえ大学に行っているので重宝がられる。子供の送り迎えなどの際に出会う他のナニーはジャマイカやフィリピン出身者であり、白人でもアイルランドかオーストラリア人なので、白人でアメリカ人のナンを雇うことは、主人にとってステータスなのである。イギリス人の白人ならばさらに評価されるのは言うまでもない。もうイギリスからほとんど姿を消した「下男」と同様、このタイプのナニーは富とステータスを誇示するものとみなされている。「プロ」を雇う母親も、決してこの子育ての方法に満足しているわけではなく、子供をナニーに任せるどころか、すべてを管理し、監督し、挙げ句の果てには、「ナニーキャム」と呼ばれる「ナニー監視用カメラ」をこっそり設置して、彼女の一挙一動に目をこらす。『ナニー日記』は二〇〇七年にスカーレット・ヨハンソン主演で映画化された。邦題は『私がクマにキレた理由（わけ）』という、一見不可解なものだが、これは映画の中で、ぬいぐるみのクマの中にナニーキャムが隠されているのに気づいた主人公が、怒ってクマに当たり散らす場面からきている。

家庭の絆を大事にし、小規模のマイホーム主義が基本であるアメリカの文化において、子供をあえて突き放し、愛情を抱いてもべたべたとした関係を築かず、独占欲も抱かないのを美徳とする、イギリスのアッパー・クラスのナニーの習慣は、当然相容れないものである。子供はしょせん親が愛情をかけて育てるものであり、何らかの理由でそれができない親を「教育」して、子供の良い関係を築かせるのが、アメリカにおける理想的な「ナニー」の役目なのである。ディズニーの『メアリー・ポピンズ』も、仕事に没頭する父親と、婦人参政権運動に夢中な母親を家庭に呼び戻し、家族の絆を強めたところで、役目は終わったとばかり、空に消えていく。ステレオタイプごとイギリスから輸入することのできた「執事」と違って、イギリスの「ナニー」は呼び名は同じでも、メアリー・ポピンズと同様、アメリカに渡ると、まったく別人となるのである。

第7章　ランド・スチュワードとガヴァネス
――「使用人」ではない被雇用者たち

ランド・スチュワード／エージェント

個人の家や屋敷で雇われているとすべて「使用人」であると見なされがちだが、同じ被雇用者でも、社会的地位が「使用人」とは違う人々がいる。代表的なのはランド・スチュワード／エージェント（土地管理者）とガヴァネス（家庭教師）である。本書では英語の servant の訳語として一貫して「使用人」という日本語を使ってきたが、そもそも servant は「被雇用者」とどう違うのだろうか。servant はその主人に仕え、主人の家でなんらかの仕事をして賃金を得る存在である。今まで見てきたように、その出身階級はおもにワーキング・クラスであり、主人とその家族とは明らかに社会的な地位も、背景も異なる存在として見られる。

「執事」の章で、「家令」、つまり「ハウス・スチュワード」について触れた。「ハウス・スチュワード」は他の使用人のようなワーキング・クラスの出身者ではなく、ロウワー・ミドル・クラスや経済的に困窮した紳士階級の人間がなることが多かったらしい。それに対して、土地管理者、つまり「ランド・スチュワード」（「ランド・エージェント」ともいう）の多くはさらに上の階級に属する。たとえばジャーナリストのアリソン・マロウニーの著書『階下の生活――エドワード王朝時代の使用人の真の生活』（二〇一一年）によると、ランド・スチュワードの定義は以下のとおりだ。

> ランド・スチュワードは使用人というよりは従業員であり、家賃の管理や、雇い主が収益を上げられるようにすることが仕事だった。ランド・スチュワードは高学歴で高収入であり、雇い主の敷地内の家に住んでいて、社会的階級は雇い主とその家族の階級により近かった。屋外の使用人の雇用と解雇もランド・スチュワードの仕事だった。
>
> （『階下の生活――エドワード王朝時代の使用人の真の生活』、二六ページ）

ハウス・スチュワードと同様、ランド・スチュワードもかなり大きな屋敷でしか雇われていない。また、どんなにステータスが高くてもあくまでも使用人である家令と違って、住み込みではない。敷地内とはいえ外から通ってきているので、屋内の使用人と接する時間や機会はせいぜい雇い主と同じくらいで、使用人にとって身近な存在では決してないのである。Ｊ・ジャン・ヘクトの『十八世紀イギリスの使用人階級』によると、ランド・スチュワードは、雇い主の土地の借地人同士のトラブルの仲裁をしたり、雇い主の土地や借地人の土地の耕作の監督を行ない、最新の農作技術などを指導したりする必要もあった。森林もランド・スチュワードの管理下にあり、定期的に点検して、時期をみて伐採し出荷する手配をする。時には雇い主の住む村や町において、その代理として中心的な役割を果たすこともあったという。

そのためにランド・スチュワードは、農業、林業、会計学、法律など、幅広い知識が必要なうえ、雇い主の代理が務まるだけの威厳と風格を兼ね備えていなければならなかった。彼らは「紳士」、あるいはそれに近い者だったのである。ヘクトはその社会的階級について、以下のように書いている。

> このような条件を満たす人々の職業や立場はさまざまだった。事務弁護士、自作農、いくらかの財産を持った田舎の紳士もいれば、使用人や小作人、そして商社の事務員などもいた。
>
> （『十八世紀イギリスの使用人階級』、三九ページ）

後に取り上げるガヴァネスと同様、ランド・スチュワードは文学作品に登場する場合、「紳士であって紳士でない」、微妙な社会的階級の表象として描かれることが多かった。たとえばジェイン・

オースティンの『自負と偏見』では、登場人物のひとり、ジョージ・ウィカムの父親はランド・スチュワードだった。ウィカムは主人公のエリザベス・ベネットに近づき、こう身の上話をする。

「私の父は最初は、あなたのおじさまのフィリップスさんが立派に務めていらっしゃる職［事務弁護士］についていました。しかし先代のダーシー氏のお役にたつために、その職を完全に退き、ペンバリー［ダーシー家の館］の管理にすべての時間を注ぐことにしたのです。父は先代のダーシー氏から高く評価され、とても親密で信頼されている友人でした。ダーシー氏は父が土地の管理をしたことをそれはそれは感謝しておいでで、父が死ぬ直前にご自分から、息子である私の将来を保証すると約束してくださったのです。これは私へのダーシー氏の愛情だけでなく、父への多大な感謝の証だと信じています。」

（『自負と偏見』第一巻第十六章）

自分自身もランド・スチュワードであるエドワード・ローレンスが一七三一年に出版した『ランド・スチュワードの義務と仕事』には、事務弁護士をランド・スチュワードとして雇うことは避けるべきだという記述がある。

スチュワードの仕事は副業としてできるようなものではない。それは本業であり、かなり忙しい仕事なのだ。すぐれた事務弁護士ならば法律に関する仕事で手いっぱいのはずなので、スチュワードの仕事を引き受けるべきではない。

（『ランド・スチュワードの義務と仕事』、序文）

このようにわざわざ釘をさしているところを見ると、事務弁護士が、法律の仕事を続けながらランド・スチュワードの仕事も引き受けるケースがよくあったのだろう。そうすることで副収入が入るだけでなく、なんと言ってもこの仕事は、地主の代理人として、借地人や他の村人などに対してかなりの権威を振りかざすことができるので、不純な動機に駆られて引き受ける事務弁護士もいたのだろう。なのでここでウィカムが、父親はランド・スチュワードの職を引き受けるにあたって事務弁護士の職を「完全に退き」、スチュワードの仕事に全力を注ぐようにしたとわざわざ断っているのも納得がいく。ウィカム自身は後に、先代のダーシー氏の恩を仇で返す、嘘つきでろくでなしであることが判明するが、少なくとも父親のほうは良心的で献身的なスチュワードだったらしいことがわかる。

ウィカムはさらに、先代のダーシー氏が自分の父に「感謝」していたことを強調する。二人の関係が単なる雇い主と雇い人の間のものではなく、友情と信頼に基づいたものであることをウィカムはエリザベスに印象づけているのである。

「事務弁護士」という職業も微妙なものだった。イギリスには弁護士は二種類ある。「法廷弁護士」(barrister)と「事務弁護士」(solicitor)である。「法廷弁護士」は法廷に立って弁護活動を行ない、「事務弁護士」は法律事務を扱う。雄弁術や説得性といった資質が必要とされる「法廷弁護士」は、伝統的には教育を受けたアッパー・ミドル・クラス、そして父親の爵位や財産を相続することのできない、アッパー・クラスの次男以下の息子がつく職業だった。同じ弁護士でも、「事務弁護士」は「法廷弁護士」よりは社会的地位が下だとみなされていたのである。エリザベスの父が「紳士」であることは作品にも書かれているが、母は事務弁護士の娘であり、母方のおばも事務弁護士と結婚している。しかも母方のおじは商人で「チープサイド〔ロンドンの商業地区の地名〕に住んでいる」ことから、スノッブなビングリー姉妹の嘲笑の的となっている(『自負と偏見』第一巻第八章)。エリザベスの姉のジェインに惹かれている青年チャールズ・ビングリーは「そんなことでジェインとエリザベスの魅力が減りはしない」と抗議するが、友人で昔からの地主の家柄のダーシーは、姉妹のおじのひとりが事務弁護士で、もうひとりが商人であるせいで、ふたりは社会的地位の高い男性と結婚できる可能性が低くなるだろう、と冷静に意見を述べる。ビングリー兄妹の父親自身も商業で財をなしたのだが、もはや商業に携わってはいないので、姉妹はこのことを都合よく記憶の片隅に追いやっている。チャールズが屋敷を買って地主になれば、紳士としての地位が確立されるのだが、呑気なチャールズはなかなかそうする気配を示さない。このように、『自負と偏見』の主要な登場人物の社会的階級を見てみると、かなり流動的で不安定な要素があることがわかる。商人も事務弁護士も地主も同等の立場で社交をするが、常に互いの社会的地位を意識している。結婚相手によって簡単に上にも下にも動くことが可能な世界なのである。そしてこの世界において、ランド・スチュワードは商人や事務弁護士のように、地位は下のほうにあるものの、いわばぎりぎりのところで「紳士」であることは確かなのである。

一方で、微妙な地位ゆえに、ランド・スチュワードが上昇志向の強い、悪巧みに長けた悪役として描かれることもある。たとえば前にも挙げた、ヴィクトリア朝の小説家エリザベス・ギャスケルの最後の、未完の小説『妻たちと娘たち』(一八六六年出版)には、貴族カムノア伯爵のランド・エージェントであるプレストンが登場する。プレストンはランド・エージェントとしては有能だが、どこか信頼できない部分があって、伯爵夫人には嫌われている。

「プレストンは賢くて聡明な男だよ」

「私は好きではありません」と伯爵夫人は言った。

「目が離せないやつではあるが、聡明な男だ。それにあんなに好男子じゃないか。なぜ嫌いなのかわからんよ」

「ランド・エージェントの容貌など、気にしたことはありませんわ。私が外見を気にする階級の人間ではありませんから」

（『妻たちと娘たち』第八章）

伯爵夫人にとっては、紳士であるかどうか、ぎりぎりのところにいるランド・エージェントは、社交の対象にならない。ちなみに、この作品の主人公モリー・ギブソンの父親は医師だが、この時代には田舎の村の医師の社会的階級も、医学の進歩とともにオースティンの時代よりは高くなってはいるが、やはり微妙なものだった。モリーの母親はモリーが幼い頃に亡くなっており、父親は、もと伯爵家のガヴァネスで今は未亡人となったカークパトリック夫人と再婚する。医師、ランド・エージェント、ガヴァネスと、この小説にはいわば「紳士階級」のボーダーラインの人物たちが主要メンバーとして登場し、それぞれの階級意識、野心や見栄（の有無）が物語の重要な要素となっているのである。

話をプレストンに戻すと、伯爵夫人には相手にされなくても、若くて好男子のプレストンは自分がご婦人がたに人気があることを十分に承知している。

プレストンは色白で髪と髭は明るい茶色、よく動く、形の良い目は灰色でまつ毛の色は髪の色よりも濃かった。運動によってすらりとした、柔軟な体を保っていたが、運動に長けていることで彼は本来自分が所属していたはずの地位よりも上の人々からなる社交の輪に入れてもらっていた。クリケットの腕はずば抜けていたし、射撃の腕も優秀だったので、狩猟のシーズンに獲物の数を誇りたい屋敷はプレストンを客として招くことを好んだ。雨の日には若いお嬢さんがたにビリヤードを教えて、必要な時には真剣に狩猟に参加した。素人演劇用の演劇作品の半数ほどは暗記しており、急に思い立ってジェスチャーゲームやタブロー［衣装を着て歴史や絵画、文学作品の場面を再現する遊び］をする時などは欠かせない人物だった。

（『妻たちと娘たち』第十三章）

生まれつき容姿や運動神経に恵まれているだけでなく、プレストンが社交界に受け入れられるようにかなりの努力をしていたことがこの描写からうかがえる。敷地で狩猟が行なわれるような大きな屋敷、つまり地主階級の人々にも客として迎え入れられ、狩猟の腕だけでなく、屋内の娯楽や社交でも日頃の努力の成果を発揮している。

プレストンの上昇志向と野心は明らかだが、結婚ということになると打算よりも欲望が強かったようで、ギブソン医師の後妻となったカークパトリック夫人の、最初の夫との間の娘であるシンシアと秘密の婚約をしている。しかし同じく野心的なシンシアは、地元の由緒正しい家柄の地主の息子ロジャーとの結婚を望んで、プレストンとの婚約を解消しようとする。そもそもシンシアがプレストンと婚約したのはわずか十五歳の時であり、彼からこっそり金を借りたことの見返りとしてそういう関係になっていた。婚約を解消したいというシンシアの願いをプレストンは受け入れないばかりか、一方的に解消しようとするなら自分宛ての手紙をロジャーに見せると脅す。つまり、どんなに見栄えがよくて、紳士らしい資質や教養を身につけていても、プレストンはカムナー伯爵夫人が本能的に察知したように、彼女が関わるような階級ではない、つまり紳士ではないことが明らかなのである。

シンシアの窮地を救おうと、モリーは手紙を返してくれるようプレストンに掛け合いに行くが、二人が会っているところが目撃され、この二人が親密な関係にあるという噂が流れる。ここで重要なのは、医師の娘のモリーが伯爵家のランド・エージェントであるプレストンと親しいことが問題なのではなく、二人が、モリーの両親も知らない秘密の関係にあるらしいことが、モリーの評価を傷つける悪い噂の元になっているということである。結局、伯爵家の娘であるレイディ・ハリエットが馬車でモリーを連れまわすところを村人たちに見せつけることで悪い噂を鎮めるという、いかにもヴィクトリア朝らしい「階級的な」措置でヒロインのモリーは救われ、最終的にはロジャーと結婚するという展開になる。

この作品のプレストンのように、ランド・エージェント／スチュワードはその社会的な地位と、雇い主である地主の代理として時には多大な影響力と権力を有することができることから、十八世紀から二十世紀までの文学作品では、特に野心的で他人を支配しようとする人物として描かれることが多かった。さらにランド・エージェントは、権力のある地主階級と、土地を持たない民衆との、越えることのできない溝を象徴するものとして描かれることもあるという指摘もされている（ロウリー・アン・リース他、『ランド・エージェント　一七〇〇～一九二〇』、二〇一八年）。実際にまぎれもない紳士がつくこともある職業なだけに、ランド・スチュワードの地位は微妙なものとして受け止められることが多かったのだろう。

たとえばベルギーの貴族アンリ・ドゥ・ラ・パスチュール伯爵の娘で小説家のE・M・デラフィールド（一八九〇～一九四三）は、夫のアーサー・ダッシュウッドがランド・エージェントだった。ダッシュウッドの父親は第六代准男爵のサー・ジョージ・ダッシュウッド、母親は第五代ハートフォード侯爵の娘のレイディ・メアリー・シーモアだったが、彼自身は財産や称号を継ぐことのできない、いわゆるヤンガー・サンだった。土木技師となって香港の波止場の建設などを手掛けたが最終的にはイギリスに帰国し、デヴォンのブラッドフィールド・ハウスという邸宅のランド・エージェントとなった。デラフィールドの作品の中でも最も人気があり、今でも愛読されている『ある田舎の婦人の日記』（一九三〇年）は、半自伝的なユーモア小説だが、日記の書き手である女性の夫のロバートも、まぎれもないアッパー・ミドル・クラスの紳士ながらランド・エージェントである。夫婦は雇い主夫妻と常に対等に交際をしているものの、心境は複雑であるらしい。たとえばある日、夫の雇用者の妻のレイディ・ボックスに、屋敷に滞在している文学関係のお友達に会わせたいからということでディナーに呼ばれるが、語り手は次のように日記に綴る。

レイディ・B〔ボックス〕が彼女の文学関係のお友達とか、他のお知り合いに私たちのことを「うちのエージェント」、「うちのエージェントの奥様」なんて紹介したら即座に帰ることを決意。

（『ある田舎の婦人の日記』十一月二十二日）

レイディ・ボックスはおせっかいで詮索好きな、人にあれこれいらぬアドバイスをしたがる人物で、語り手夫妻を社会的に下の地位にあるとみなしているわけではないようだが、それでも社交の相手とこのような雇用関係にあることはあまり強調してほしくはないのだろう。自分たちの出身階級にコンプレックスを抱くこともない彼らでさえそうならば、ギャスケルのプレストンなどの心境はより複雑なものであることも納得がいく。

ちょうど同じ頃に書かれた小説で、やはりまぎれもない紳士階級出身だが、相続のできない「ヤンガー・サン」であるゆえにランド・エージェントの仕事に就く人物が登場するのが、アガサ・クリスティの『ナイルに死す』（一九三七年）である。アメリカの財閥の娘リネット・リッジウェイは、財産と美貌に恵まれ、二十年の人生の中で常に欲しいものは何でも手に入れてきた。そのリネットが、借金で破産したサー・ジョージ・ウォードから邸宅のウォード・ホールを買い取って引っ越してくるところから物語が始まる。そこへ彼女の古くからの友人で、フランスの伯爵の父とアメリカ南部出身の母を持つジャックリーン・ドゥ・ベルフォールが訪ねてくる。彼女はリネットに自分が婚約したと語り、頼みがあるという。婚約者のサイモン・ドイルをリネットの邸宅のランド・エージェントにしてほしいというのである。

彼は貧乏なの。――お金が全然ないのよ。いわゆる「由緒正しい家柄」なのは間違いないけど。でもすごく貧乏な由緒正しい家柄よ。――ヤンガー・サンだし。デヴォンシャーの家柄よ。田舎のことが大好きで、田舎をよく知っているわ。この五年間はロンドンのシティのせせこましい事務所にいたのよ。でも人員削減でクビになったの。

（第一章）

自らが田舎の邸宅で育ったので、邸宅や敷地の管理は任せられる。たいていランド・エージェントは敷地内か近くの家に暮らすので、ジャックリーンは結婚後も親友のリネットの近くにいられるというわけだ。ロンドンの金融街の事務所などよりもこの仕事のほうがよっぽど、「由緒正しい家柄」

のサイモンにふさわしいとジャックリーンは言い、内容をろくに読まないで契約書類に署名するような、ビジネスに向いているとはとても言えないサイモン自身も、ランド・エージェントの仕事をこなす能力に自信があると宣言する。

こうしてリネットのランド・エージェントとなったサイモンだが、次の章では、ジャックリーンではなくリネットと結婚したことが判明する。どうしてこのようなことになったのか、その過程は説明されないが、ランド・エージェントという立場から、邸宅の持ち主であるリネットと対等に近く、しかも打ち合わせなどで二人だけで会う機会が多かったことが推測される。この思いがけない結婚がこの作品のプロットの展開において重要な役割を果たすのだが、この結婚を可能にするのが、紳士でありながら、雇用者にかなり近い存在になりうるという、ランド・エージェントの仕事なのである。

ガヴァネス

『妻たちと娘たち』では、ランド・スチュワードのプレストンが「悪役」だが、もとガヴァネスのカークパトリック夫人も、プレストンとは別の意味での「悪役」である。外見が美しく、立ち居振る舞いが優雅で優しそうで、誰にでもそつなく接する「淑女」に見えるが、実は視野が狭くて自己中心的で、上昇志向と階級意識のかたまりであることが判明する。どういう経緯で彼女が伯爵家にガヴァネスとして雇われたのか、父親がどのような仕事だったのか、どういう階級の出身だったのかといったことは明かされていない。ガヴァネスという彼女の仕事を考えると、その出身階級については、経済的に恵まれない牧師の娘や落ちぶれた紳士の娘、あるいは事務弁護士や商人、町の医師の娘など、いくつかの可能性が考えられる。

文学作品に登場するガヴァネスについては、出身階級がこのように曖昧であっても漠然と「紳士階級、あるいはそれに近い地位」と推測することができるし、カークパトリック夫人のように、その本性が小説の中で明らかになるにつれ、当時の読者にとっては「これは紳士の娘ではないだろう」といった、階級に関する憶測も可能になるのである。しかし実際のガヴァネスはどうだったのだろうか。ここでもマロウニーの『階下の生活――エドワード王朝時代の使用人の真の生活』にわかりやすい定義がなされているので見てみたい。

賃金をもらってはいるが、ガヴァネスは雇い主と似たような社会的階級の出身であり、「使用人」とはみなされていなかった。教育を受けている必要があったので、ガヴァネスの大部分はミドル・クラスかそれなりに裕福な家庭で育った、独身の女性だった。彼らは何らかの理由によって自ら生計を立てる必要があるか、あるいは単に仕事をしたいと願っている人々だった。使用人の仕事に就くことを考えるには階級が上すぎる彼女らは、社会的に中途半端な状態で雇い主の屋敷にやってきた。屋敷の使用人たちからは蔑まれ、特別な地位にあるのを不当だと思われていたし、雇い主とその家族から下に見られることもあっただろう。女性が仕事をしなければならないのは、家族から十分に面倒を見てもらえないことの証だと思っていただろうから。

(『階下の生活——エドワード王朝時代の使用人の真の生活』、二五ページ)

男性と違って女性の場合、二十世紀までは、ミドル・クラスやアッパー・クラスの家の娘は自宅で教育を受けることが一般的だった。何らかの事情で自宅では面倒が見られない少女を預かる私塾や、「淑女教育」を謳った高額の学費を取る女性用の寄宿学校も存在したが、経済力のあるアッパー・クラス、アッパー・ミドル・クラスの家庭では、娘を家において、住み込みの家庭教師つまりガヴァネスを雇うことが圧倒的に多かったのである。しかし自分自身がまともな教育を受けていないガヴァネスも多かった。十九世紀の半ばには、ガヴァネスにきちんとした教育と訓練をするための学校がロンドンで創立されるなど、女性教育改善の試みがなされるようになった。一八四三年に設立された「家庭教師保護協会」(Governesses' Benevolent Institution)では、ガヴァネスの質を高めるために、一八四七年から、ガヴァネスとそれ以外の女性も対象に、定期的に講演会を開くようになった。その会場にはロンドンのハーリー・ストリートにある建物が使われたが、一八四八年にこの建物で正式な女子教育のための学校「クイーンズ・コレッジ」が設立された。女性のなかには、父親は聖職者などの「紳士」だが財産を残さずに死去したため、経済的な理由で自分が働きに出なければならなくなっても、自分自身が優秀なガヴァネスに教育を受けているものもいた。しかし、ときには商人や職人の娘、あるいは紳士の娘でもガヴァネスを雇う余裕のない家庭で育ち、独学でなんとか読み書き算術を身につけたが、それ以上の知識はあまり持たない女性がガヴァネスになるケースも少なくなかったのである。

『妻たちと娘たち』のモリーの父親ギブソン医師も、母のいない幼いモリーのために町の小売店の店主の娘を家庭教師として雇う。しかし女性に知識を詰め込むことに反対しているギブソン医師は「モリーにあまり多くのことを教えないでくれよ。縫い物と読み書きと算数ができるようになる必要があるけど、あまり早く成長しないでほしいし、もしそれ以上のことを教える必要があれば、私が自分でやるから」と釘を刺す（第三章）。

このガヴァネスは、おとなしく言われたとおりに最小限度の知識しかモリーに与えない。これがもう少し高い階級の女性だったら、最低限の歴史や地理の知識、さらにフランス語や音楽、絵画などが加わるのだが（モリーものちに父親に頼み込んでフランス語と絵のレッスンを受けさせてもらう）、どの階級においても女性の教育に関する考え方がこの通りだったので、ガヴァネスもそれほどの知識や教養が期待されないことも多かったのだ。したがってその質の面でも、「淑女」かどうかの面でも、ガヴァネスは千差万別だったのである。

ガヴァネスの場合、ランド・スチュワードに比べて需要が多く、求められる資格や能力もかなり曖昧だったので、その数も多いし、文学作品においてもしばしば、脇役、そして時には主役として登場する。たとえばジェイン・オースティンの小説『エマ』(一八一五年)は、主人公エマのガヴァネスだったミス・テイラーが近くに住む紳士ウェストン氏と結婚するところから始まる。エマは幼い頃に母親を亡くし、ミス・テイラーは母親代わりにエマを育ててきた。姉のイザベラが結婚して家を出ると、エマとガヴァネスの間には「互いに同等で、心を完全に開いた」関係が築かれる(第一巻第一章)。ミス・テイラーが結婚してウェストン夫人となってエマの屋敷を出た後も、エマとウェストン夫妻は社交を続け、夫妻は、ウェストン氏の先妻との間の息子、フランク・チャーチルとエマが結婚する可能性まで考え始める。

ミス・テイラーがどういう家庭の出身で、どうしてエマの家庭教師になったのかという背景は明かされていないが、彼女がエマの属する社交界の一員、「淑女」と見なされていることは明らかである。ところが、村の牧師のエルトン氏と結婚して新しく村にやってきた、下品で意地の悪いエルトン夫人は、ウェストン夫人について「あなたのガヴァネスだったのよね」とエマに尋ねて唖然とさせ、さらに「そう聞いていたので、あの人があんなにも淑女らしいので驚きましたわ! でも本当に淑女と言ってもいいくらいの人よね」と言ってのける(第二巻、第十四章)。

ウェストン夫人は気立が良いだけでなく、エルトン夫人よりもはるかに「淑女らしい」ことは、語り手による二人の描写から明白なのだが、先に挙げた『階下の生活』からの、ガヴァネスに関する引用にもあるように、たとえまぎれもなく「紳士階級」に属していようと、「働いて賃金を得る」生活を強いられるせいで、ガヴァネスは見下されてしまうのである。エマと社会的に同等の地位にいるジェイン・フェアファクスが、経済的な事情からガヴァネスの職につかなければならない運命にあり、本人も周りの人もそれをきわめて嘆かわしいこととみなしているのも、そのような蔑みにさらされるおそれがあるからなのである。

ガヴァネスが主人公である『ジェイン・エア』(一八四七年)の作者シャーロット・ブロンテ(一八一六~五五)と妹のアン・ブロンテ(一八二〇~四九)は、貧しい牧師の娘だったので、ガヴァネスの経験があった。

アンはその小説『アグネス・グレイ』(一八四五年)の中で、自分たち自身の社会的階級の低さゆえにガヴァネスを敢えて蔑み、辛い思いをさせる家族を描いている。牧師の娘のアグネス・グレイは、父親が投資に失敗して借金を抱えることになると、家計を助けるためにガヴァネスとして働くことを決意する。ここで重要なのは、アグネスが自らガヴァネスになることを選ぶことであり、そこまでする必要はないと反対する両親のいうことを聞かず、ガヴァネスという職に限りない希望を抱いていることである。

ガヴァネスになれたらどんなに嬉しいことだろう！　世界に出ていくこと、新しい人生を始めること、自分のことを自分で決めること、今まで使わなかった技能を使うこと、それまであると知らなかった能力を発揮すること、自分で生計を立てること、そして父、母、姉の慰めと助けになり、さらに自分の食費や服飾費という負担をかけなくて済むということ、小さなアグネスにどんなことができるかお父様に見せてあげること、お母様とメアリーには、私が二人が考えるような何もできなくて何も考えていない人間ではないと証明すること。

（『アグネス・グレイ』第一章）

しかしアグネスの夢はすぐに壊れる。彼女が最初にガヴァネスとして赴いたのは、引退した商人であるブルームフィールド氏の家なのだが、彼らはアグネスを同等の地位の人間として扱わない。まだ世間知らずのアグネスは、ブルームフィールド氏がガヴァネスである自分を使用人のように扱うのに驚き、憤慨する。

ブルームフィールド氏が私に対して子供たちを「～様」と言及したのには驚きました。そしてさらに驚いたことは、私に対してずいぶんぞんざいな口のきき方をしたことです。——子供たちのガヴァネスで、まったくの初対面の人間に対して。

（『アグネス・グレイ』、第三章）

ブルームフィールド家の子供たちは躾が悪く、アグネスの言うことを聞かないので、教育のしようがない。結局アグネスは「人格と振る舞いは完璧だが、子供たちの教育ができていない」として解雇され、家に帰る羽目になる。この体験にくじけることなく、さらにガヴァネスの職を探すアグネスに、母親はアドバイスする。

今回はもう少し社会的な地位の高い家族にしてみなさい。本物の、育ちの良い紳士の家をね。そういう家のほうが、財産を鼻にかける商人や傲慢な成り上がりの人たちよりも、よほどあなたにきちんとした敬意と配慮をもって接してくれますよ。私は最も地位の高い人々が、ガヴァネスに家族として接するのを見てきました。もちろん、なかには他の階級の人間と同じように、ガヴァネスに対して無礼で思いやりのない人々もいることは確かだけど。どの階級にも良い人と悪い人はいますからね。

（『アグネス・グレイ』、第六章）

こうしてアグネスが次に見つけたのは「住民がお金儲けしかすることのない工業都市」ではない町の、「ブルームフィールド氏よりは地位の高い」家族でのガヴァネスの職だった（第六章）。今度はブルームフィールド家で受けたような扱いは受けない。ただしその家の娘たち、ロザリーとマティルダがわがままで、アグネスを振り回すのだが。

『アグネス・グレイ』は、若く経験のないガヴァネスが職場の愚痴ばかり言っているという印象を与えがちだが、一方で、自立の夢と希望をもって、女性の職としてガヴァネスを選んだ主人公が、雇い主の見栄や偏狭のせいで、自分の能力を発揮することも、まともに仕事をすることも許されず、引き下がる姿を鮮やかに描いた作品でもある。

しかし、同じくガヴァネスを扱った作品でも、読者に大きなインパクトを与えたのは、姉のシャーロット・ブロンテの『ジェイン・エア』（一八四八年）だった。この作品は出版当時から大変な人気を博し、初版（二五〇〇部くらいと思われる）は三か月で完売し、翌年の一月、さらに四月に再版された。シャーロット・ブロンテは本名を名乗らず、男性とも女性とも取れるカラー・ベル（Currer Bell）というペンネームを使ったので、著者が誰なのか、男性か女性かといった推測が盛んになされた。書評にはネガティヴなものもあったが、そのなかでもおそらく最も厳しいものは、一八四八年十二月に文芸誌『クオータリー・リヴュー』に匿名で掲載された書評だろう。著者はエリザベス・

リグビー、後のレイディ・エリザベス・イーストレイクで、ジェインが雇い主のロチェスターから結婚を申し込まれる場面について「ガヴァネスはこういう時にはずるく振る舞うと言われているが、ジェインはなかでも特にガヴァネス的に振る舞っている（Jane outgovernesses them all）と辛辣に書いている（*The Brontës: The Critical Heritage*, p. 108）さらに、第二版が出版された時に、ブロンテは尊敬する作家、ウィリアム・サッカリーへの献辞を書いたのだが、実はサッカリーの妻は結婚して四年後に精神を患い、隔離されていたのである。ロンドンの文壇では知られた話だったから、この状況と、『ジェイン・エア』のロチェスターの最初の妻バーサがやはり精神を患って屋敷の中で隔離されていることとの類似点は、意図的なものとみなされた。そして、カラー・ベルが実はサッカリーの家のガヴァネスであり、この小説は事実をもとにして書かれているという噂が流れた。シャーロット・ブロンテがそれを知って大きな衝撃を受けたのは言うまでもない。彼女はサッカリーの家庭の事情などまるで知らなかったのである。

ジェインはアグネス・グレイと違って家庭という居場所がなく、ガヴァネスという職が「自由」ではなく「新たな隷属」であると承知しており、アグネスのような、ナイーブな幻想を抱いてはいない。アグネスと違って、ジェインがガヴァネスとして勤めるロチェスター家の人々は最初から同等に扱ってくれる。しかもジェインは慈善学校から応募していて、アグネスよりもよほど身元が確かでないにもかかわらず、である。そしてそこで彼女は雇い主のロチェスター氏と恋に落ち、紆余曲折はありながらも結婚にいたるのである。これは実際にガヴァネスと雇い主の間に十分起こりうることであった。ジェイン・エアの場合は、父方のおじが遺産を残してくれて、「ガヴァネスが玉の輿に乗る」のではなく、ガヴァネスのほうが雇い主の面倒を見るという展開が読者の意表をついている。しかし実際は、使用人ではなく、雇い主と同等、あるいは場合によってはそれ以上の社会的階級の「淑女」であるガヴァネスが雇い主の家族と生活を共にすることで、その家の息子、あるいは場合によっては主人を魅惑してしまう可能性が脅威として受け止められたようだ。

やはりガヴァネスが主人公である、ウィリアム・サッカリー（一八一一～六三）の『虚栄の市』（一八四七～四八）では、良いガヴァネスを紹介してくれと手紙で依頼された私塾の校長ミス・ピンカトンが、知り合いの二人の女性を推薦する。二人ともラテン語やギリシア語、ヘブライ語に数学や自然科学、音楽と踊りと、驚くべき幅広い科目を教えることができるというのだが、そのうちのひとり、ミス・タフィンについては「まだ十八歳で、見た目がとても魅力的なので、このお嬢さんはそちらのご家族には不適切かもしれません」とミス・ピンカトンは難色を示す（第十一章）。これほどの知識と教養を兼ね備えたガヴァネス候補自体が非現実的で、もちろんサッカリーのジョークなのだが、そのように能力を持った人間でも、その家の息子と結婚する危険があればすぐさま候補から外れるというのも、ガヴァネスを雇う側の意識、女性の教育に求められるものなどに対する風刺にもなっている。

『虚栄の市』の主人公ベッキー・シャープもまさにそんな脅威的な存在となりうる人物だ。自分の力で安定した生活と地位を得る必要があり、そのためには手段を選ばない。自分の役に立たないと判断した人間には容赦なく敵意や軽蔑を示し、利用できる人間はとことん利用する。そんな彼女にとってガヴァネスはまさに最高の機会を提供してくれる職である。彼女は准男爵の家にガヴァネスとして入り、その家の次男のロードン・クローリーと秘密の結婚を遂げる。最後は、財産目あてに友人の兄を毒殺したかもしれないことが暗示されながらも、むしろその思い切った悪女ぶりとエキゾチックな背景ゆえに、読者にとって受けいれられる人物となっている。

ガヴァネスはこのようにイギリスの小説において、虐げられた弱者、あるいは狡猾な策略家など、さまざまな描かれ方をしてきた。ランド・スチュワードと同じく、基本的には「紳士階級」出身であることが前提とされながらも、そうでない人間もこの職に就くことができることから、「上昇志向の野心家」としての表象も少なくない。「使用人のようで使用人でない」彼らが、その微妙な立場ゆえに階級社会における興味深い存在となるのも無理はないのである。

あとがき

二〇一〇年にイギリスの民間放送ネットワークＩＴＶで放映された「ダウントン・アビー」というドラマ・シリーズがある。七回に分けて放映されたが、第一回から高視聴率を得て、大ヒット番組となり、翌年には続編が放映されることになった。このドラマの創作と脚本を担当したのは、ロバート・アルトマン監督の映画『ゴスフォード・パーク』（二〇〇一年）の脚本を手がけ、二〇〇四年には、イギリスのアッパー・クラスとアッパー・ミドル・クラスの微妙な関係を描いて話題となった小説『スノッブたち』を発表した、ジュリアン・フェローズ（一九四九〜　　）である。自らの階級を「アッパー・クラスのぎりぎりのところにいる」と分類するフェローズは、ナンシー・ミットフォードと同様、アッパー・クラスとアッパー・ミドル・クラスを分けるあいまいな線を認識し、アッパー・クラスの生態を書くのを得意としている。「ダウントン・アビー」は、一九一〇年代イギリスの、グランサム伯爵ロバート・クローリーという架空の貴族とその家族の住む邸宅の名前である。一九一二年、タイタニック号の沈没のニュースが伯爵のもとに届けられるところからドラマは始まる。伯爵には娘が三人いるが、息子はいない。したがって、イギリスの長子相続制度により、邸宅と財産の大部分は、一番近い男性の親戚である伯爵の従兄弟が継ぐことになる。ところがその従兄弟と一人息子は二人とも、タイタニック号の乗客であった。次の相続人は、遠い親戚で、マンチェスターで事務弁護士を営んでいるマシュー・クローリーという若者だった。クローリーの父親は医者であり、事務弁護士も医者も、まぎれもないミドル・クラスの仕事である。ドラマの中でマシューが母親に「僕たちみたいなミドル・クラスが後継者だなんて、彼らはショックを受けているだろう」と言うと、母親は、「私たちはアッパー・ミドル・クラスよ」と訂正するが、当時は、事務弁護士も医者も、アッパー・ミドル・クラスのようやく「ぎりぎりのところ」とみなされていたのである。しかし階級がどうであれ、マシューが次のグランサム伯爵になることは間違いないので、伯爵はマシューとその母親を呼び寄せ、邸宅の近くの持ち家に住まわせて、ダウントンの村の次の領主として、村の生活に慣れさせようとする。

「ダウントン・アビー」はこのように、「アッパー・クラス」対「ミドル・クラス」の文化や価値観の違いといった、つねにイギリス人の興味を惹くテーマを扱っているが、このドラマがこれほどの人気を集めた理由はやはり、使用人の存在である。ダウントン・アビーには、イギリスのカントリー・ハウスの典型的な使用人のスタッフが揃っている。そして彼らのそれぞれの人生、生活、人間関係は、主人とその家族に劣らず、ドラマの中心となっているのである。これらの使用人は、これまで見てきた、イギリスの文化における使用人の典型的なイメージにぴったりはまっている。威厳のある、堂々とした立派な執事、厳しい態度でメイドに接するが、公平で、根は優しいハウスキーパー、意地が悪くて口も悪いが、女主人には献身的なレイディーズ・メイド、見栄えが良く、女性に人気があって遊び人だが、じつは同性愛者の第一下男、貧しい農民の息子であり、大きなお屋敷の下男になったことで母親をこの上なく喜ばせた、素朴で優しい第二下男、といったふうに。そして、主人の家族のドラマと並行して、執事が昔はミュージック・ホールの芸人だった過去を持っていたり、ハウスキーパーが昔の恋人に結婚を申し込まれるが、お屋敷づとめをやめるのが嫌で断るといったドラマが繰り広げられる。このドラマの形態が、一九七一年から七五年にかけて、やはりイギリスの民間放送、ロンドン・ウィークエンド・テレヴィジョンで放映された人気ドラマ「アップステアーズ・ダウンステアーズ」に酷似しているという批判もあった。「アップステアーズ・ダウンステアーズ」はやはり二十世紀初頭のイギリスにおける使用人とその主人の生活とドラマを描いたものである。ただし、舞台はカントリー・ハウスではなくてロンドンの邸宅であり、主人も、女主人は伯爵の娘で、まぎれもないアッパー・クラスだが、その夫は牧師の息子で政治的野心を持つ、アッパー・ミドル・クラスの紳士となっている。ＢＢＣは二〇一〇年にこのシリーズの「特別版」を作り、クリスマス・シーズンに三夜にわたって放映した。前にも書いたとおり「アップステアーズ・ダウンステアーズ」が最初に放映された一九七〇年代は、イギリスが経済的にひじょうに苦しい状態にあり、労使関係や人種問題でトラブルが続出した時代で、主人と使用人が互いの階級をわきまえて共存するこのドラマは、「古き良きイギリス」へのノスタルジアをかきたて、現実逃避を提供したともいえる。現在再びこの種のドラマが人気を博しているのは、経済的発展を遂げ、グローバル化が進み、自らを多文化国家として宣言し、めまぐるしい変化を遂げているイギリスにおける、やはり一種のノスタルジアとも言えるだろう。

「ダウントン・アビー」では、ヴィクトリア朝の厳格な上下関係が使用人の世界でも守られている一方、お屋敷に電気が引かれ、電話が設置され、主人の末娘が婦人参政権運動に興味を持つなど、時代の波も押し寄せている。メイドのひとりはひそかにタイプライターを購入し、通信教育でタイプと速記を習って、秘書になることを夢見ているが、同僚の使用人だけでなく主人の娘にも励まされて、最終的に夢を叶えることに成功する。ダウントン・アビーの使用人たちは、イギリスの文化において表象される、いわば「良き労働者階級」の人々であり、勤勉で誠実で、「分をわきまえている」一方、決して自分を卑下したり、上の階級の人々の横暴さに対して黙ってはいない。雇い主たちもそんな彼らに敬意を払い、そのプロフェッショナリズムを評価する。あるエピソードでは、伯爵によって従僕を世話されたマシューが、着替えや服の手入れなどをいっさい自分でやってしまい、従僕には仕事を与えない。従僕は「暇になった」と喜ぶどころか、仕事をさせてもらえないことをひじょうに苦痛に思う。見かねた伯爵がマシューを呼び、「君が弁護士としての仕事にプライドを持っているように、君の従僕にも仕事にプライドがあるんだ。ちゃんと仕事をさせてあげなさい」と諭し、マシューははじめてそのことに気づき、反省するのである。

主人と使用人のこの関係は、きわめて理想化されているように見えるかもしれないが、じっさい、本文で扱ったレイディーズ・メイドのロジーナ・ハリソンの手記などには、大きな屋敷での、まさにこのような関係が描かれているのである。もちろん、仕事から引退したのちに書かれた手記では、それまでの生活がある程度美化されている可能性はあるが、それでも、このような使用人の生活と主人に対する思いが、虚構の世界のものだけでなかったことはわかる。ハリソンも手記の中で、主人の家族に対して「私たちの」という所有格を使っており、特にアッパー・サーヴァントにとって、主人の家族とその生活は、自分たちがある意味では「間接的に」体験することのできるものだった。そして、このような使用人たちの登場するドラマを見る現在の視聴者の大半は、階級的にも使用人のほうに親近感をおぼえながらも、その主人たちの華やかな生活を「間接的に」楽しむことができるのである。

本文でも述べたように、『ビートン夫人の家政書』にも、そうした効用があった。ミドル・クラスの読者は、執事や下男の扱い方や、豪華なご馳走のレシピを読むことで、アッパー・クラスの雇い主になった気分をつかの間でも味わうことができたのであろう。ただし、当時のミドル・クラスの読者は、じっさいに彼ら自身も使用人を雇い、管理しなくてはならなかったので、現実逃避ばかりもしていられなかった。メイドが二人に料理人と乳母、といった小規模の使用人のスタッフを抱えるミドル・クラスの主婦にとって、使用人問題は切実だった。また、雇われる使用人も、仕事の量が多いうえに使用人の扱いに慣れない主婦のもとで働く場合は、仕事の段取りもきちんと決まっておらず、大きなカントリー・ハウスの使用人の数倍もの労力が要求され、ストレスがたまっていったのである。アッパー・クラスに仕える使用人たちには、イギリスの伝統を支える存在としての主人とその邸宅に対するプライドがあったが、ミドル・クラスの家ではそれは望めない。雇い主はせいぜい、使用人に親切にしてその信頼を得て、かれらの忠誠を得るほかはない。したがって、アッパー・ミドル・クラスを含めて、ミドル・クラスの家庭では使用人はおもに主婦を悩ませる存在であり、この「使用人問題」は小説や演劇において、多くの場合は滑稽に扱われるのである。

一方、イギリスのカントリー・ハウスの「理想的な」使用人のイメージは、時代を超え、国を越えて広がっていく。アメリカにおけるイギリスの執事やナニーの人気は、本文でも触れたとおりである。日本でも歪曲したかたちで「メイド」や「執事」のイメージが楽しまれている。特に「執事」は「イギリス紳士」のイメージと合体した結果なのか、容姿、身のこなし等、非の打ち所がなく、女性に仕える騎士のようなイメージになっているようだ。いずれにしても、現在のイギリスの重要な輸出物である、「ヘリテージ」のひとつとして、「使用人」は大きな部分を占めているのである。

この本を書くに当たって、多くの人々の助けと支えを得たことを感謝している。特に、この本の企画を提案してくださり、各章について丁寧かつ的を射たコメントや、貴重な情報を提供してくださっただけでなく、つねにこの上ない情熱でもって励ましてくださった白水社の糟谷泰子さんにはこの場を借りて改めて御礼を言いたい。

二〇一一年九月

新井潤美

著者略歴
新井潤美（あらい・めぐみ）
東京大学大学院比較文学比較文化専攻博士号取得（学術博士）。東京大学大学院人文社会系研究科教授。主要著訳書：『ノブレス・オブリージュ——イギリスの上流階級』（白水社）、『英語の階級——執事は「上流の英語」を話すのか？』（講談社選書メチエ）、『階級にとりつかれた人びと 英国ミドルクラスの生活と意見』（中公新書）、『不機嫌なメアリー・ポピンズ イギリス小説と映画から読む「階級」』（平凡社新書）、『パブリック・スクール—イギリス的紳士・淑女のつくられかた』（岩波新書）、ジェイン・オースティン『ジェイン・オースティンの手紙』（編訳・岩波文庫）、ジェイン・オースティン『マンスフィールド・パーク』（共訳、全２巻、岩波文庫）

引用文献

本文に挙げられている、テクストからの引用は筆者による訳である。なお邦訳が複数あるものは、基本的に最新の訳を掲載した。

Adams, Samuel and Sarah. *The Complete Servant*. 1825. Lewes: Southover Press, 1989.

Atkinson, Diane. *Love & Dirt: The Marriage of Arthur Munby & Hannah Cullwick*, London: Macmillan, 2003.

Austen, Jane. *Emma*. 1815; rpt. Cambridge University Press, 2005.〔ジェイン・オースティン『エマ』中野康司訳、ちくま文庫、2005年〕

Austen, Jane. *Jane Austen's Letters*. Third Edition. Collected and Edited by Deirdre Le Faye. Oxford: Oxford University Press, 1995.

Austen, Jane. *Mansfield Park*. 1816. Cambridge: Cambridge University Press, 2005.〔ジェイン・オースティン『マンスフィールド・パーク』上下、新井潤美・宮丸裕二訳、岩波文庫、2021年〕

Austen, Jane. *Pride and Prejudice*. 1813. Cambridge: Cambridge University Press, 2005.〔ジェイン・オースティン『自負と偏見』小山太一訳、新潮文庫、2014年〕

Barry, J.M. *The Admirable Crichton*. In *Peter Pan and Other Plays*. Oxford: Oxford University Press, 1995.〔J・M・バリー『あっぱれクライトン』福田恒存・鳴海四郎訳、河出書房、1953年〕

Beaulieu, Lord Montagu. *The Gilt and The Gingerbread or How to Live in a Stately Home and Make Money*. 1967. London: Sphere Books, 1967.

Bedford, John, Duke of. *A Silver-Plated Spoon*. 1959. London: The Reprint Society, 1960.

Beeton, Isabella. *Mrs Beeton's Book of Household Management*. 1861. Oxford: Oxford University Press, 2000.

Berkeley, Grantley F. *Anecdotes of the Upper Ten Thousand: Their Legends and Their Lives*, Volume 1. London: Richard Bentley, 1867. Rpt., Cornell University Library, 1991.

Blyton, Enid. *The Twins at St. Clare's*. 1941. London: Dragon, n.d.〔イーニッド・ブライトン『おちゃめなふたご』田中亜希子訳、ポプラ社、2022年〕

Booth, Charles. *Life and Labour of the People in London. Second Series: Industry.*

1889 – 91. New York: AMS Press, 1970.
Booth, Wayne. *The Rhetoric of Fiction*.1961. Chicago: University of Chicago Press, 1983.
Boswell, James. *The Life of Samuel Johnson*. 1791. London: Penguin Classics, 1986.〔J・ボズウェル『サミュエル・ジョンソン伝』1-3、中野好之訳、みすず書房、1981 年〕
Brand, Christianna. *Nurse Matilda*. 1964. London: Bloomsbury, 1988.〔クリスティアナ・ブランド『マチルダばあやといたずらきょうだい』こだまともこ訳、あすなろ書房、2007 年〕
Brontë, Anne. *Agnes Grey*. 1847; rpt. Oxford University Press, 1988.〔アン・ブロンテ『アグネス・グレイ』桜庭一樹訳、集英社文庫、2016 年〕
Brontë, Charlotte. *Jane Eyre*. 1847; rpt. Penguin, 1974.〔シャーロット・ブロンテ『ジェイン・エア』上下、河島弘美訳、岩波文庫、2013 年〕
Burrell, Paul. *A Royal Duty*. London: Penguin Books, 2004.〔ポール・バレル『ダイアナ妃・遺された秘密』川崎麻生構成・文、ワニブックス、2003 年〕
Callcott, Maria Hutchins. *A Few Household Hints, and Lessons of Conduct for Female Servants in the Form of Narrative Letters. Published Under the Direction of the Committee of General Literature and Education Appointed by the Society for Promoting Christian Knowledge*. London, 1856.
Carroll, Lewis. *Alice's Adventures in Wonderland*. 1865.〔ルイス・キャロル『不思議の国のアリス　鏡の国のアリス』高杉一郎訳、講談社、2022 年〕
Carter, Angela. "The Kitchen Child" . *Saints and Strangers*. 1985. London: Penguin Books, 1986.〔アンジェラ・カーター『ブラック・ヴィーナス』所収「キッチン・チャイルド」植松みどり訳、河出書房新社、2004 年〕
Cavendish, Lady Lucy. *The Diary of Lady Frederick Cavendish*. London: John Murray, 1927.
Chaucer, Geoffrey. *The Canterbury Tales*. New York: Signet Classics, 1969.〔ジェフリー・チョーサー『カンタベリ物語　共同新訳版』池上忠広監修、訳、悠書館、2021 年〕
Christie, Agatha. *Poirot in the Orient: Murder in Mesopotamia; Death on the Nile; Appointment with Death*. London: Harper Collins, 2001.〔アガサ・クリスティー『ナイルに死す』新訳版、黒原敏行訳、早川書房クリスティー文庫、2020 年〕
Christie, Agatha. "The Market Basing Mystery" *Poirot's Early Cases*. 1974. London: Fontana Paperbacks, 1987.〔アガサ・クリスティー『教会で

死んだ男』所収「マーケット・ベイジングの怪事件」宇野輝雄訳、早川書房クリスティー文庫、2003年〕
Christie, Agatha. *Sad Cypress*. 1933. London: Pan, 1979.〔アガサ・クリスティー『杉の柩』恩地三保子訳、早川書房クリスティー文庫、2004年〕
Churchill, Winston. *My Early Life*. 1930. London: Eland Publishing, 2000.〔W・チャーチル『わが半生』中村祐吉訳、角川文庫、1965年〕
Cowen, Ruth. *Relish: The Extraordinary Life of Alexis Soyer, Victorian Celebrity Chef*. London: Phoneix, 2006.
Collins, Wilkie. *The Moonstone*. 1868. Oxford: Oxford World's Classics, 1999.〔ウィルキー・コリンズ『月長石』上下、中村能三訳、創元推理文庫、1970年〕
Cullwick, Hannah. *The Diaries of Hannah Cullwick, Victorian Maidservant*. London: Virago Press, 1984.
Dawes, Frank Victor. *Not in Front of the Servants: A True Portrait of Upstairs, Downstairs Life*. London: Century Hutchinson Ltd., 1973.
[Defoe, Daniel.] *Everybody's Business Is Nobody's Business*. London: W. Meadows, 1725.
Delafield, E. M. *The Diary of a Provincial Lady*. 1930; rpt. Virago, 1984.
Dickens, Charles. *Bleak House*. 1853. Harmondsworth: Penguin Books, 1979.〔チャールズ・ディケンズ『荒涼館』全4巻、佐々木徹訳、岩波文庫、2017年〕
Dickens, Charles. *Oliver Twist*. 1838. London: Penguin Classics, 2002.〔チャールズ・ディケンズ『オリバー・ツイスト』唐戸信嘉訳、光文社古典新訳文庫、2020年〕
Du Maurier. *Rebecca*. 1938. London: Virago Press, 2003.〔デュ・モーリア『レベッカ』茅野美ど里訳、新潮文庫、2008年〕
Dickens, Monica. *Mariana*. 1940. Harmondsworth: Penguin Books, 1988.
Dickens, Monica. *One Pair of Hands*. 1939. Harmondsworth: Penguin Books, 1961.〔モニカ・ディケンズ『なんとかしなくちゃ』高橋茅香子訳、晶文社、1979年〕
The Duties of Servants: A Practical Guide to the Routine of Domestic Service. 1894. Sussex: Copper Beech Publishing, 1993.
[Fielding, Henry.] *The History of the Adventures of Joseph Andrews And of His Friend Mr. Abraham Adams* and *An Apology for the Life of Mrs. Shamela Andrews*. Oxford: Oxford University Press, 2008.〔フィールディング『ジョウゼフ・アンドルーズ』朱牟田夏雄訳、岩波文庫、2009年〕

Fryer, Peter. *Staying Power: The History of Black People in Britain Since 1504.* London: Pluto Press, 1984.

Gallico, Paul. *Mrs Harris Goes to Paris.* 1958. London: Bloomsbury, 2010.〔ポール・ギャリコ『ミセス・ハリス、パリへ行く』亀山龍樹訳、角川文庫、2022 年〕

Gaskell, Elizabeth. *Wives and Daughters.* 1866; rpt. Penguin, 1979.〔エリザベス・ギャスケル『妻たちと娘たち』東郷秀光、足立万寿子訳、大阪教育図書、2006 年〕

Gathorne-Hardy, Jonathan. *The Rise and Fall of the British Nanny.* 1972. London: Orion, 1993.

Gerard, Jessica. *Country House Life: Family and Servants, 1815 – 1914.* Oxford: Blackwell Publishers, 1994.

Girouard, Mark. *Life in the English Country House.* 1978. London: Penguin Books, 1980.

Hardy, Thomas. *Tess of the D'Urbervilles: A Pure Woman.* 1891. London: Penguin Classics, 1998.〔トマス・ハーディ『ダーバヴィル家のテス』高桑美子訳、大阪教育図書、2011 年〕

Harrison, Rosina. *Gentlemen's Gentlemen: My Friends in Service.* London: Arlington Books, 1976.〔ロジーナ・ハリソン『わたしはこうして執事になった』新井雅代訳、白水社、2016 年〕

Harrison, Rosina. *Rose: My Life in Service.* London: Cassell, 1975.〔ロジーナ・ハリソン『おだまり、ローズ　子爵夫人付きメイドの回想』新井雅代訳、白水社、2014 年〕

Hecht, J. Jean. *The Domestic Servant Class in Eighteenth-Century England.* London: Routledge & Kegan Paul, 1956.

Horne, Eric. *More Winks by the Author of What the Butler Winked At, Being Further Notes from the Life and Adventures of Eric Horne (Butler).* London: T. Werner Laurie Ltd., 1932.

Horne, Eric. *What the Butler Winked At: Being the Life and Adventures of Eric Horne (Butler).* London: T. Werner Laurie, Ltd., 1923.

Hudson, Derek. *Munby Man of Two Worlds: The Life and Diaries of Arthur J. Munby 1828 – 1910.* London: John Murray, 1972.

Huggett, Frank E. *Life Below Stairs: Domestic Servants in England from Victorian Times.* London: Book Club Associates, 1977.

Ishiguro, Kazuo. *The Remains of the Day.* London: Faber and Faber, 1989.〔カズオ・イシグロ『日の名残り』土屋政雄訳、ハヤカワ epi 文庫、2001 年〕

Kidgell, John. *The Card*. 1766. New York and London: Garland Publishing, 1974.

Kinsella, Sophie. *The Undomestic Goddess*. London: Bantam Press, 2005.〔ソフィー・キンセラ『家事場の女神さま』佐竹史子訳、ヴィレッジブックス、2013 年〕

Laurence, Edward. *The Duty and Office of a Land Steward*. 1731; rpt. Arno Press, 1979.

Lecky, William. *A History of England in the Eighteenth Century*. London: Longmans, Green, and Co., 1892.

Lodge, David. *The Art of Fiction: Illustrated from Classic and Modern Texts*. London: Penguin Books, 1992.〔デイヴィッド・ロッジ『小説の技巧』柴田元幸・斎藤兆史訳、白水社、1997 年〕

Mackenzie, Compton. *Sinister Street*. 1913. Harmondsworth: Penguin Books, 1969.

Maloney, Alison. *Life Below Stairs: True Lives of Edwardian Servants*. Michael O' Mara Books, 2011.

Maugham, Robin. *The Servant*. 1948. London: Prion Books, 2000.

McLaughlin, Emma and Nicola Kraus. *The Nanny Diaries: A Novel*. London: Penguin Books, 2002.〔エマ・マクローリン、ニコラ・クラウス『ティファニーで子育てを』小林令子訳、文春文庫、2003 年〕

Milne, A.A. *When We Were Very Young*. 1924. London: Methuen, 1995.〔A・A・ミルン『クリストファー・ロビンのうた』小田島雄志・小田島若子訳、河出書房新社、2018 年〕

Mitford, Nancy. *The Blessing*. 1951. New York: Carroll & Graf, 1989.

Mitford, Nancy. *The Pursuit of Love* and *Love in a Cold Climate*. 1945, 1949. Harmondsworth: Penguin Books, 1980.〔ナンシイ・ミットフォード『愛の追跡』奥山康治監訳、彩流社、1991 年〕

Moir, Esther. *The Discovery of Britain: The English Tourists 1540 to 1840*. London: Routledge & Kegan Paul, 1964.

Moore, George. *Esther Waters*. 1894. Oxford: Oxford University Press, 1983.〔ジョージ・ムア『エスター・ウォーターズ』林木博美訳、英宝社、1999 年〕

Murdoch, Iris. *Jackson's Dilemma*. 1995. London: Penguin Books, 1996.〔アイリス・マードック『ジャクソンのジレンマ』平井杏子訳、彩流社、2002 年〕

My Secret Life. Amsterdam: not for publication.

Pamela Censured: in a Letter to the Editor: Shewing that under the Specious Pretence of Cultivating the Principles of Virtue in the Minds of the Youth of both Sexes, the Most Artful and Alluring Amorous Ideas are convey'd. And that, instead of being divested of all Images that tend to inflame; *Her Letters abound with Incidents, which must necessarily raise in the unwary Youth that read them, Emotions* far distant *from the Priniples of Virtue. Exemplified in many Quotations, with a Critical Review, and Remarks upon the* Whole. London: J. Roberts, 1741.

Paulson, Ronald. *The Life of Henry Fielding: A Critical Biography*, Oxford: Blackwell, 2000, pp. 287 – 89.

Pont. *The British Character*. 1938. Billings: Element Books, 1982.

Powell, Margaret. *Below Stairs*. 1968. London: Pan Books, 1970.

Read, Miss. *Friends at Thrush Green*. Penguin Books, 1990.

Rees, Lowri Ann, Ciaran Reilly, and Annie Tindley. *The Land Agent:1700 – 1920*. Edinburgh University Press, 2018.

Richardson, Samuel. *Pamela, or Virtue Rewarded*. 1740. Harmondsworth: Penguin Books, 1980.〔サミュエル・リチャードソン『パミラ、あるいは淑徳の報い』原田範行訳、研究社、2011 年〕

Sambrook, Pamela A. *The Country House Servant*. 1999. Sutton Publishing, 2002.

The Servants' Guide and Family Manual. 3rd edition. 1832. In *British Servants: a Collection of Early Guides and Companions*. Osaka: Eureka Press, 2006.

Shaw, George Bernard. *Pygmalion: a Romance in Five Acts*. 1912. London: Penguin Classics, 2003.〔バーナード・ショー『ピグマリオン』小田島恒志訳、光文社古典新訳文庫、2013 年〕

Sinclair, Catherine. *Holiday House: A Book for the Young*. 1839. London: Hamish Hamilton, 1972.

Summerscale, Kate. *The Suspicions of Mr Whicher*. London: Bloomsbury, 2008.〔ケイト・サマースケイル『最初の刑事　ウィッチャー警部とロード・ヒル・ハウス殺人事件』日暮雅通訳、早川書房、2011 年〕

Swift, Jonathan. *Directions to Servants*. 1731. London: Hesperus Press, 2003.〔ジョナサン・スウィフト『召使心得　他四篇』原田範行訳、平凡社、2015 年〕

Thackeray, William. *Vanity Fair*. 1847 – 48; rpt., Dent, 1970.〔ウィリアム・サッカリー『虚栄の市』全 4 巻、中島賢二訳、岩波文庫、2004 年〕

Thomas, Albert. *Wait and See*. London: Michael Joseph, 1944.

[Townley, James.] *High Life Below Stairs: a Faarce in Two Acts*. London, 1759.

Travers, P.L. *Mary Poppins*. 1934. London: Collins, 1978.〔P・L・トラヴァース『風にのってきたメアリー・ポピンズ』林容吉訳、岩波少年文庫、2000年〕

Turner, E.S. *What the Butler Saw: Two Hundred and Fifty Years of the Servant Problem*. 1962. London: Penguin Books, 2001.

Wodehouse, P.G. *Carry On, Jeeves*. 1925. Harmondsworth: Penguin Books, 1976.〔P・G・ウッドハウス『それゆけ、ジーヴス』森村たまき訳、国書刊行会、2005年〕

Wodehouse. P.G. *The Inimitable Jeeves*. 1923.〔P・G・ウッドハウス『比類なきジーヴス』森村たまき訳、国書刊行会、2005年〕

Wodehouse, P.G. *Right Ho, Jeeves*. 1934. Harmondsworth: Penguin Books, 1976.〔P・G・ウッドハウス『よしきた、ジーヴス』森村たまき訳、国書刊行会、2005年〕

新井潤美編訳『ジェイン・オースティンの手紙』岩波文庫、2004年